第1回
실전모의테스트

言語知識（文字・語彙、文法）、読解

（105分）

問題1　＿＿＿＿＿の言葉の読み方として最もよいものを、1・2・3・4から一つ選びなさい。

1　彼女の望みは何なのだろうか。
　　1　たのみ　　　　　2　のぞみ　　　　　3　なやみ　　　　　4　このみ

2　家族を伴って、アメリカに転勤することになった。
　　1　ともなって　　　2　したがって　　　3　ととのって　　　4　とどまって

3　結婚したころはとても貧しかった。
　　1　かなしかった　　2　さびしかった　　3　きびしかった　　4　まずしかった

4　こんな大きなダイヤモンドは見たこともないから、値段の見当がつかない。
　　1　みとう　　　　　2　みどう　　　　　3　けんとう　　　　4　けんどう

5　今年も昨年と同様、雪が少ない。
　　1　どよう　　　　　2　どうよ　　　　　3　とうよう　　　　4　どうよう

問題2　＿＿＿＿の言葉を漢字で書くとき、最もよいものを１・２・３・４から一つ選びなさい。

6　この表は留学生数の変化をしめしている。

1　占して　　　　　2　示して　　　　　3　表して　　　　　4　告して

7　彼女の無事をいのる。

1　折る　　　　　2　祝る　　　　　3　祈る　　　　　4　神る

8　彼の笑顔がいんしょうに残っている。

1　印象　　　　　2　印像　　　　　3　印賞　　　　　4　印照

9　少しずつ天候がかいふくしてきている。

1　解復　　　　　2　改複　　　　　3　回複　　　　　4　回復

10　台風がせっきんしている。

1　析近　　　　　2　折近　　　　　3　接近　　　　　4　説近

問題3　（　　　　）に入れるのに最もよいものを、1・2・3・4から一つ選びなさい。

11　難しい本だったが、辞書を引きながら何とか全部読み（　　　　）。
　　1　かけた　　　　2　きった　　　　3　まわした　　　　4　すぎた

12　みんなの前でそんなことを言うなんて（　　　　）常識だ。
　　1　不　　　　2　反　　　　3　非　　　　4　無

13　看護師の仕事は（　　　　）労働だ。
　　1　重　　　　2　大　　　　3　多　　　　4　過

14　小さなかばんに無理に荷物を押し（　　　　）。
　　1　よせた　　　　2　かけた　　　　3　つけた　　　　4　こんだ

15　小さいころからバスの運転（　　　　）になりたいと思っていた。
　　1　主　　　　2　手　　　　3　人　　　　4　者

問題4　（　　　　）に入れるのに最もよいものを、1・2・3・4から一つ選びなさい。

16　あまりにおかしくて笑いを（　　　　）ことができなかった。
　　1　こめる　　　　　2　こぼれる　　　　3　こごえる　　　　4　こらえる

17　こわれないように（　　　　）置いてください。
　　1　きっと　　　　　2　じっと　　　　　3　そっと　　　　　4　ほっと

18　あの子の家はお金持ちで何でも買ってもらえる。（　　　　）なあ。
　　1　うらやましい　　2　なつかしい　　　3　やかましい　　　4　まぶしい

19　鈴木さんは北海道（　　　　）だから寒さには慣れている。
　　1　身体　　　　　　2　出身　　　　　　3　出場　　　　　　4　誕生

20　一晩中、雪が降り続き、辺り（　　　　）が真っ白になった。
　　1　一部　　　　　　2　一行　　　　　　3　一面　　　　　　4　一方

21　外国語を話せると、就職のとき（　　　　）だ。
　　1　有効　　　　　　2　利益　　　　　　3　有利　　　　　　4　利用

22　今月の営業成績は、山本さんが（　　　　）だった。
　　1　タイプ　　　　　2　トップ　　　　　3　スター　　　　　4　ストップ

問題5　＿＿＿＿の言葉に意味が最も近いものを、1・2・3・4から一つ選びなさい。

23　この問題はかなり難しい。
1　割合に　　　　　2　少々　　　　　3　わずかに　　　　4　相当

24　彼の言葉はしばしば引用される。
1　何度も　　　　　2　今でも　　　　　3　ときどき　　　　4　まれに

25　母はこちらを向いてほほえんだ。
1　なみだを見せた　　　　　　　　2　こわい顔でにらんだ
3　にっこり笑った　　　　　　　　4　目をつぶった

26　あいまいな態度をとってはいけない。
1　失礼な　　　　　2　はっきりしない　　3　だらしない　　　4　なまいきな

27　いいアイデアがあったら、教えてください。
1　考え　　　　　2　仕事　　　　　3　知らせ　　　　4　商品

問題6　次の言葉の使い方として最もよいものを、1・2・3・4から一つ選びなさい。

28　利害
1　この点については、我々のほうに利害がある。
2　A社とB社の利害が一致したので、契約は成立した。
3　そのマンションは駅から近く、利害がとてもよい。
4　毎月、利害を計算して報告しなければならない。

29　ほぼ
1　今年の冬は特に寒く、ほぼ雪もよく降る。
2　今日は忙しくて、昼ご飯もほぼ食べていない。
3　外国人観光客は5年前のほぼ1.5倍に増えた。
4　神奈川県のほうが東京都よりほぼ広い。

30　エチケット
1　くしゃみをするときは、口を押さえるのがエチケットだ。
2　彼女は誰とでも仲良くできるエチケットを持っている。
3　若い人はすぐに流行のエチケットを手に入れたがるものだ。
4　海外旅行に行く前に、たくさんエチケットを準備した。

31　かぶせる
1　見つからないように、テーブルの下にかぶせておいた。
2　なくさないように、引き出しの中にかぶせておきなさい。
3　考えごとをしていたら、コーヒーを机にかぶせてしまった。
4　ほこりがかからないように、上に布をかぶせておいた。

32　なだらか
1　5月は一年で一番なだらかな季節だ。
2　母の病気はなだらかに進行している。
3　駅から学校へはなだらかな坂道が続いている。
4　彼女はいつもなだらかに笑っている。

問題7　次の文の（　　　　　）に入れるのに最もよいものを、1・2・3・4から一つ選びなさい。

33　この学校では、テストの結果をもとにクラスを決める（　　　　）になっている。
1　もの　　　　　　　2　ところ　　　　　3　こと　　　　　　4　わけ

34　どうしてもできないなら、あきらめる（　　　　）。
1　はずはない　　　2　わけはない　　　3　ほかはない　　　4　ことはない

35　この地方は一年（　　　　）暖かく、とても過ごしやすい。
1　にわたって　　　2　において　　　　3　を問わず　　　　4　を通じて

36　漢字（　　　　）、まだひらがなも全部覚えていない。
1　といっても　　　2　どころか　　　　3　にかわって　　　4　にあたって

37　やっぱり一流のホテルだね。部屋のドア（　　　　）違うなあ。
1　からすると　　　2　からいうと　　　3　からみると　　　4　からして

38　あのう、山本先生でいらっしゃいますか。私、先日、先生の講演会で（　　　　）鈴木と申します。
1　ごらんになった　　　　　　　　　　2　お会いになった
3　お目にかかった　　　　　　　　　　4　おうかがいした

39　彼は自分では何もしない（　　　　）、文句ばかり言う。
1　くせに　　　　　　2　ところで　　　3　おかげで　　　　4　ぐらいに

40　わずか2週間でこのように長い小説を書いたとは、（　　　　）。
1　信じかねない　　　　　　　　　　　2　信じがたい
3　信じないではいられない　　　　　　4　信じざるをえない

41　日本では、6月中旬から7月中旬（　　　　　）の雨の多い季節を梅雨と呼んでいる。

　　1　にしたがって　　　2　において　　　　　3　にあたって　　　　4　にかけて

42　家を（　　　　　）とたん、石につまずいて転んでしまった。

　　1　出た　　　　　　　2　出ている　　　　　3　出る　　　　　　　4　出て

43　冷房がききすぎて、涼しい（　　　　　）寒いくらいだ。

　　1　といっても　　　　2　というより　　　　3　にしては　　　　　4　反面

44　急いで学校に（　　　　　）、開校記念日で休みだった。

　　1　行くにしても　　　　　　　　　　2　行ったとしたら
　　3　行ったところ　　　　　　　　　　4　行ったのなら

問題8　次の文の＿★＿に入る最もよいものを、1・2・3・4から一つ選びなさい。

（問題例）

きのう＿＿＿＿＿　＿＿＿＿＿　＿★＿＿＿　＿＿＿＿＿　はとてもおいしかった。

　　1　母　　　　　　　2　買ってきた　　　3　が　　　　　　　4　ケーキ

（解答の仕方）

1．正しい文はこうです。

きのう＿＿＿＿＿　＿＿＿＿＿　＿★＿＿＿　＿＿＿＿＿　はとてもおいしかった。
　　1　母　　　3　が　　　2　買ってきた　4　ケーキ

2．＿★＿に入る番号を解答用紙にマークします。

　　　　　　（解答用紙）　（例）①●③④

45　彼女は＿＿＿＿＿　＿＿＿＿＿　＿★＿＿　＿＿＿＿　続けることができる人だ。

　　1　のみならず　　　2　才能に　　　3　努力を　　　　4　恵まれている

46　こっそり＿＿＿＿＿　＿★＿＿＿　＿＿＿＿＿　＿＿＿＿　はずかしかった。

　　1　見られて　　　　2　ところを　　　3　ケーキを　　　4　食べている

47　同じ内容でも言い方＿＿＿＿＿　＿＿＿＿＿　＿★＿＿　＿＿＿＿　ある。

　　1　怒らせてしまう　2　次第で　　　　3　ことが　　　　4　相手を

48 値段は安いほうがいいが、＿＿＿＿＿＿ ＿＿＿＿＿＿ ＿★＿ ＿＿＿＿＿＿ 。

1　いい　　　　　　2　でもない　　　3　安ければ　　　4　というもの

49 国へ ＿＿＿＿＿＿ ＿＿＿＿＿＿ ＿★＿ ＿＿＿＿＿＿ 出ない。

1　迷っていても　　2　帰るまいか　　　3　帰ろうか　　　4　答えは

問題9　次の文章を読んで、50から54の中に入る最もよいものを、1・2・3・4から一つ
選びなさい。

　体の疲れを取るために、人間は必ず睡眠をとらなくてはならない。睡眠不足は健康に悪い
し、事故の原因になることもある。眠りたくなくても、眠らなければならないのだ。
　50眠らなければならないのなら、質の良い睡眠がいい。ぐっすり眠れば健康にいいし、
仕事のミスも減る。
　では、質の良い睡眠をとるには、どうすればいいのだろうか。
　まず、良い環境を作ろう。部屋の温度や湿度を調整し、明るさも気を付けなければならな
い。自然に眠りに入るには、やわらかい光が適している。
　環境は空気や明かりだけではない。体に直接触れる布団やシーツも大事だ。布団について
は、軽いのが51、重いのが好きという人もいる。どんな布団が体にいいかというのは決ま
っておらず、そこは好みでいい。
　環境の次は、眠る前の準備だ。寝る前には、お風呂にゆっくり入ろう。お風呂に入るとい
うのは、実は体を疲れさせる行動だ。だが、適度に疲れることによって、かえって眠りが深
くなる。結局、よく眠れる52。
　最後は食べ物についても述べよう。食べたあとは眠くなることがあるが、夜眠るときに、
お腹がいっぱいなのはよくない。眠りが浅くなるし、消化にも悪い。反対にお腹がすいてい
るのもよくない。第一、眠れない。もし何か食べるなら、軽くて、消化のよい物を食べると
いいだろう。少しなら、お酒を飲むのも悪くない。ただし、少しだけだ。たくさん飲むと、
逆に睡眠の質を下げることが53。
　質の良い睡眠をしっかりとるには、54ことが大事である。

50

　　1　せっかく　　　　　2　どうせ　　　　　3　むしろ　　　　　4　もっとも

51

　　1　好きな人がいるから

　　2　嫌いな人もいれば

　　3　好きな人もいれば

　　4　嫌いな人がいれば

$$\boxed{52}$$

    1　というつもりだ　　　　　　　2　というはずだ

    3　というところだ　　　　　　　4　というわけだ

$$\boxed{53}$$

    1　わかっている　　2　わかった　　3　わかる　　4　わかっていた

$$\boxed{54}$$

    1　このような　　2　そのような　　3　あのような　　4　どのような

問題10　次の(1)から(5)の文章を読んで、後の問いに対する答えとして最もよいものを、１・２・
３・４から一つ選びなさい。

(1)　僕はノルウェー系アメリカ人の３世です。祖父母の家でいっぱいノルウェー語を聞いて
いた。小さい時から二つの言語があるのが当たり前だった。
　　しかし、人生が変わるぐらい影響を受けたのは17歳で日本に留学したこと。山梨県の高
校に１年通った。日本語が英語とあまりに違ってびっくりした。しゃべりたいのに誰とも
しゃべれないつらい日々が３か月ぐらい続いた。
　　ホストファミリーの食卓で家族のお兄さんが茶わんを出して「おかわり」と言った。最
初は聞き取れなかったけど、ある日、僕が「おかわり」と言ったらお母さんがもっとご飯
を入れてくれた。その瞬間、「おかわり」は僕の日本語になった。その喜びは今でも忘れ
られません。

　　　　　　　（エリック・ジェイコブセン『言葉は「習うより慣れろ」』読売新聞2009年12月20日付朝刊による）

55　筆者の言う喜びは何によるものか。
　1　自分の話す日本語が実際の場面で通じたこと
　2　お母さんにご飯をたくさん入れてもらえたこと
　3　日本のホストファミリーの家族と食事をしたこと
　4　日本留学で人生が変わるぐらいの影響を受けたこと

(2)　読書には２種類あると言われる。ひとつは楽しみのための読書である。小説や雑誌を読むのがこれだ。もうひとつは、知らないことを学ぶ読書である。この読書は苦しいこともある。新しい考えを理解するには頭を働かさなければならないし、書いてあることがわからなければ何度も読み直して考えるからだ。だが、本当の読解の力はこの知らないことを学ぶ読書で試される。逆に、楽しい読書の場合には、知っている話題や知識で書いてあるから、それほど読解の力がなくても読めるのである。

56　この文章によると、本当の読解の力とはどのような能力か。

1　書いてあることを楽しむことができる能力

2　諦めず何度も読み直すことができる能力

3　知っていることを繰り返すことができる能力

4　知らない話題でも読んで理解できる能力

(3)　劇場に行った時のこと。

「携帯電話をお持ちのお客様は、マナーモードではなく、必ず電源からお切りください」

というアナウンスが流れました。すると私の近くにいた60代くらいの女性達が、

「電源を切れったって、どうやって切るのよねぇ」

と言い合っていたのです。

　その話を聞いて私は、「知らないの？」と驚くと同時に、「そうだったのか！」と思ったのでした。劇場などで携帯を鳴らしてしまうのは、比較的高齢のかたが多いものですが、不注意で電源を切らないのではなく、単に「知らない」だけだったのかも、と。

（酒井順子『知ることが惨事防ぐ』読売新聞2009年12月22日付夕刊による）

57　何を知らないのか。

1　携帯電話のマナーモードと電源を切ることの違い

2　劇場では携帯電話の電源を切るというマナー

3　携帯電話の電源を切る場合の操作方法

4　劇場で携帯電話を切る理由

⑷　チンパンジーは明らかにうそをつく。ふたのある箱を左右に一個ずつ置き、仕切りの向こうでこっちを見ているチンパンジーの目の前で、例えば左の箱にチンパンジーが好きなバナナを入れて、ふたを閉める。

　　やがて飼育人がやってくる。あらかじめ (注) チンパンジーには、この飼育人はよい人で、バナナの入った箱を指すと箱のふたを開けてバナナを取りだし、チンパンジーに渡してくれると教えてある。チンパンジーは嬉しそうに、バナナの入った左の箱を指す。

　　けれど、あらかじめ「悪い」と教えてある飼育人、つまりバナナをチンパンジーにくれないで自分で食べてしまう飼育人がやってくると、チンパンジーはうそをつく。チンパンジーはバナナの入っていない右の箱を指すのである。

（日高敏隆「動物たちの自意識」日本文藝家協会編『犬のため息』所収　光村図書出版による）

（注）　あらかじめ：それより前に準備して

58　チンパンジーが右の箱を指すのはなんのためか。

　1　飼育人に教えてバナナをもらうため

　2　飼育人に教えてバナナを食べさせるため

　3　飼育人をだましてバナナをもらうため

　4　飼育人をだましてバナナを食べさせないため

(5)　「まじめさ」というものはある意味で危険です。というのは、まじめな人ほどよく悩む からです。

　　まじめな人間は、他人からの「期待」に応えようとして悩むのですね。

　　他人からの「期待」といっても、それは明文化(注)されていません。わたしたちは幼少 のころから、「いい子」になりなさい、「立派な人」になれと言われ続けてきました。だ が、どういう子が「いい子」なのか、はっきりしません。無口でおとなしい子が「いい 子」とされたり、逆に自分の意見を堂々と主張できる子が「いい子」とされたり、そのた びに違います。だから、そのような「期待」に応えることはむずかしい。そのむずかしい 「期待」に応えようとして、まじめな子が悩むのです。

（ひろさちや『ひろさちやのほどほど人生論　他人からの「期待」』東京新聞2010年１月16日付朝刊による）

（注）　明文化：はっきりと言葉にすること

59　筆者によると、「期待」に応えることはむずかしいのはなぜか。

1　時代によって他人の期待は変化するものだから。

2　「いい子」や「立派な人」になるのは時間がかかるから。

3　場合や人によって期待することが変わるから。

4　他人が「いい子」や「立派な人」になることを常に期待するから。

問題11　次の(1)から(3)の文章を読んで、後の問いに対する答えとして、最もよいものを１・２・
　　　　３・４から一つ選びなさい。

(1)　一つの仕事をやるについて、いろいろな選択肢があり、その中に「いままでどおりや
　る」というのがあると、放っておけば、ほとんどの人はそのやり方をとるでしょう。それ
　でそこそこの成果があがるのだから、なにも未知の方法に挑んで苦労することはないとい
　うわけです。
　　それがベスト（注1）の方法かどうか、あるいはほかにもっと能率的にできる方法があるか
　もしれないのに、①そういうことは考えもせず、ひたすら②一番楽な従来どおりのやり方
　を続けていこうとする。人間には習性として、そういう傾向があるものです。
　　しかし、そのようにやり方が決まってしまうと、みんなものを考えなくなって、たとえ
　そのやり方が時代に合わなくなってきても、おかしいとも思わなくなってしまいます。
　　こうなると、もはやその組織に進歩はありません。下手をすれば、時代遅れの組織にな
　って、競争に負けてしまうでしょう。官庁病とか大企業病などと言われるように、組織と
　いうのは放っておくと、それこそあっという間に動脈硬化（注2）状態におちいってしまうも
　のなのです。
　　とくに管理者は、いまのやり方でいいのか、時代に合っているか、もっと能率的な方法
　があるのではないか……いかなる種類の仕事であっても、そのことを常に考えていかなけ
　ればなりません。

（堀田力『堀田力の「おごるな上司！」』日本経済新聞出版社による）

（注1）　ベスト：一番いい
（注2）　動脈硬化：血液の流れが悪くなる病気

60　①そういうこととはどんなことか。
　1　もっと良い方法があるかもしれないということ
　2　ほとんどの人がいままでのやり方をとるということ
　3　いまのやり方がベストの方法であるということ
　4　未知の新しい方法に挑んだら苦労するということ

61　②一番楽な従来どおりのやり方とはどんなやり方か。

1　成果があがるやり方

2　一番能率的にできるやり方

3　時代に合ったやり方

4　以前と同じやり方

62　筆者は、仕事のやり方について、どうするのが良いと言っているか。

1　ほかの組織が時代に合ったやり方をしていても気にせず、能率的で成果の上がる自分たちのやり方をずっと続ける。

2　いままでどおりのやり方を続けながら、人間の習性に合った誰にでも簡単にできるようなやり方を完成させる。

3　前に成功したやり方でも、そのままでいいかいつも気をつけ、よくないと判断したらすぐに新しいやり方を考える。

4　前に成功したやり方を繰り返さず、いつも新しいやり方を試し、少しでも楽に仕事が続けられるように工夫する。

（2）　地球の気温は現在上昇しつつあるが、今のペースで温暖化が進んでも、西暦二一〇〇年の気温は「縄文時代（注1）と同程度」にすぎない。要するに「縄文時代の気温に戻りつつあるだけ」だ。さらにその前の時代を見ると、人類誕生後だけを見ても地球の気温は激しく変動を続けてきており、海面が現在よりも三〇メートル以上高かった高温期が何回もある一方で、逆に一〇〇メートル以上低かった低温期も何回もあった。実は、①北極の氷は存在しなかった時代の方がはるかに（注2）長く、また、北海道に行くと珊瑚礁の化石が多くある。

　　したがって、現在起きている程度の温暖化で「地球が大変なことになっている」とか「地球が悲鳴を上げている」などということはあり得ない。地球は、現在の温暖化よりもはるかに激しい気温変化を経験してきており、この程度の気温変化で「地球」がとんでもないことになるはずがないのだ。つまり、「地球を守ろう」「地球のため」「地球に優しい」「地球がかわいそう」といった発想は、すべて誤りである。②地球が聞いたら怒るだろう。多くの人々が「普通の気温」と思っている気温は、激しい温暖化・寒冷化を繰り返してきた地球の歴史の中では、たかだか過去二〇〇年程度の瞬間的なものにすぎないのである。

（岡本薫『世間さまが許さない！』筑摩書房による）

（注1）　縄文時代：日本のB.C.（紀元前）　1万2,000年〜2,400年ごろの時代

（注2）　はるかに：ずっと

63　①北極の氷は存在しなかった時代の方がはるかに長くとはどんなことの例か。

1　地球が現在今までなかった温暖化の危険にあること

2　地球が今まで高温期と低温期を何回も繰り返したこと

3　地球が今より気温が低い時間がまったくなかったこと

4　地球では今より気温が高いことが珍しくなかったこと

64　②地球が聞いたら怒るのはなぜか。

1　温暖化は地球にとっては大した問題ではないのに人間が勝手に心配しているから。

2　人間の活動による温暖化で地球の環境がとんでもないことになってしまったから。

3　温暖化の原因は人間の活動にあるのに人間が地球のせいだと誤解しているから。

4　将来今の温暖化よりも激しい気温変化が来ることに人間が気づいていないから。

65　筆者は現在の地球の気温上昇についてどう考えているか。

1　これから200年間、「普通の気温」に戻ることはできないだろう。

2　この程度の温暖化ではすまず、とんでもないことになる。

3　長い地球の歴史の中で見ると地球が危険な状態であるとは言えない。

4　人類は誕生以来何度もこの危機を乗り越えたから今度も大丈夫だ。

（3）「理解できた」と、「わかった！」という感覚とは、本質的にちがうところがある。

　　「理解できた」というのは、他人からくわしい説明をうけ、①それを論理的にわかることであると考えられる。つまり、これまで知らなかった知識を与えられ、それが論理的に自分のもっている知識と整合的であるという場合に、理解できたということになる。

　　これに対して、「わかった！」というのは、どういう場合なのであろうか。それは、②ミッシング・リンクのようなものだと考えられる。つまり、話題になっていることに関連した知識はほとんどもっている、しかしその話題がその知識によって解釈できない、という状態にあって、そこで何かのヒント(注)を得た結果、もっている知識によってその話題が完全に解釈できるということがわかったとき、「わかった！」ということになる。その場合はただちにその解釈結果をわかった結果として答えることができるという場合である。

（長尾真　『「わかる」とは何か』岩波書店による）

（注）　ヒント：問題を解くために助けとなる情報

66　①それは何を指しているか。

1　理解できた内容
2　わかったという感覚
3　本質的なちがい
4　他人によるくわしい説明

67　②ミッシング・リンクのようなものとはどんなことを表しているか。

1　知識があれば人に聞かなくても誰でも完全にわかるようなもの
2　知識しかなかったことが完全にわかるようになるヒント
3　論理的に自分がすでにもっている知識と整合的である情報
4　人から聞いた知識と自分の力で得た知識を組み合わせたもの

68　この文章によると「理解できた」と「わかった！」はどうちがうか。

1　「理解できた」とは知識が増えることで、「わかった！」は自分で説明できるようになることである。

2　「理解できた」とは論理的にわかることで、「わかった！」とは論理がなくてもわかるということである。

3　「理解できた」とは人に説明をうけてわかることで、「わかった！」は自然にわかるということである。

4　「理解できた」とは知識が増えることで、「わかった！」とは、知識がなくても論理でわかることである。

問題12　次の文章は、ソファー修理の問い合わせに対するＡ店とＢ店からの回答のメールである。二つの文章を読んで、後の問いに対する答えとして、最もよいものを１・２・３・４から一つ選びなさい。

Ａ店

山田さま

　このたびはお問い合わせありがとうございます。

　お問い合わせのソファー修理の件ですが、調べましたところ、製造元ではすでに製造を中止しておりました。

　まことに申し訳ございませんが、部品や材料が手に入らないため、元のソファーにもどすという修理のご依頼でしたら、お引き受けいたしかねます。

　しかしながら、別の材料で直すことは、できるかと存じます。

　ただ、この方法は少々費用がかかり、予想では６〜７万円と思われます。

　山田さまのソファーの場合、元のお値段が５万円前後のものですから、修理代の方がかえって高いということになります。

　もし、思い出のある家具で、どうしても新しい物に変えられないということでなければ、お買い換えというのはいかがでしょうか。

　当店内では、このタイプのソファーは多数ご用意しておりますので、ぜひ、ご来店の上、ご検討ください。

　お待ちしております。

Ｂ店

山田さま

　いつも当店をお引き立てくださり、ありがとうございます。

　お尋ねのソファーですが、すでに製造中止になった製品で、残念ながら修理はできません。

　ところで、山田さまのメールによると、ソファーは表面の布が汚れたり破れたりしているということですね。

　それでしたら、修理のかわりに、カバーをかけるという方法はいかがでしょうか。

　お手軽なものでしたら１万円前後。高級品でも３万円ぐらいです。

　ソファーのサイズに合わせて上からかけるだけで、お洗濯もできます。

　当店では、通信販売も受け付けておりますので、よろしければ、カタログをお送りいたします。

　どうぞ、お気軽にお申し付けくださいませ。

69　このソファーを修理することはできるか。

1　A店もB店もできない。

2　A店ならできるが、B店はできない。

3　A店はできないが、B店ならできる。

4　A店でもB店でもできる。

70　問い合わせに対してA店とB店は、どうすることを勧めているか。

1　A店もB店もソファーを修理して使い続けることを勧めている。

2　A店もB店も新しいソファーを買うことを勧めている。

3　A店はソファーを修理することを勧めており、B店はソファーを修理しないことを勧めている。

4　A店は新しいソファーを買うことを、B店は別の方法を勧めている。

問題13　次の文章を読んで、後の問いに対する答えとして、最もよいものを1・2・3・4から一つ選びなさい。

　私の娘が高校生の頃、カバンに小さな人形をぶら下げているので、「それは何のお守り？」と聞いたら、「幸運グッズ（注1）で、これを付けていると試験の成績が良くなる」という返事が戻ってきました。「現に、この前の中間試験の成績が良かったから効き目がある」と信じているようです。そこで私は、「そんなもの付けてても、次の試験はきっと悪い成績になるよ」と予言をしました。そして、その予言通り娘の期末試験の成績は散々（注2）で、幸運グッズの効き目がないことが証明されました。

　そこで、私は娘に、「あなたの大体の実力は七十点を取るくらいである。しかし、人間には好不調というものがあって、九十点を取ることも、四十点しか取れないこともある。おそらく、あなたは前の期末試験が実力以下の成績だったので、神にすがるような気持ちで幸運グッズを買ったのだろう。ところが、それは単に不調で実力が発揮できなかっただけだから、幸運グッズを買おうと買うまいと、あなたの通常の実力通りなら、次の成績は上がることになる。それが、前の中間試験であった。成績が平均点を上回ったり下回ったりしているだけなのである。それを誤解して、幸運グッズを身につければ成績が良くなると信じてあまり勉強していないようだったから、成績は必ず下がると予言できたのだ」という説明をしました。

　人生は山あり谷ありで、山があればいずれ谷が来るし、谷があればいずれ山が来るのです。たとえ谷に落ち込んでも慌（あわ）てず、いずれ自然の成り行きとして谷を脱するときが来るだろうと、時を待っておれば良いのです。ところが、怪しげな宗教を信じ込んだり、幸運グッズに手を出す人は、この当たり前のことがよくわかっていないようです。谷に落ち込むと追い詰められた気分になって、つい神に頼ったり幸運グッズに手を出してしまうのです。やがて、時の流れとともに谷の時期が去って山の時期がやって来るのですが、それを頼んだ神や幸運グッズのお陰（かげ）だと信じてしまう、というわけです。

（池内了『考えてみれば不思議なこと』晶文社による）

（注1）　グッズ：何かの目的のための品物、商品
（注2）　散々：ひどい様子

71　この娘の最近3回の試験の成績はどのように変化したか。

1　良い　→　悪い　→　良い

2　悪い　→　良い　→　良い

3　良い　→　悪い　→　悪い

4　悪い　→　良い　→　悪い

72　筆者によると、<u>幸運グッズ</u>にはどのような効果があるか。

1　何も効果がない。

2　幸運を与える。

3　自信をつける。

4　実力を出させる。

73　筆者がこの文章で言いたいことはどんなことか。

1　たとえ宗教や幸運グッズに頼ったとしても、人間のいいときと悪いときが来る順番を変えることはできない。

2　人間には悪いときと良いときがあるものだが、神や幸運グッズは悪いときにだけ頼りにすればいい。

3　悪いときには人間は落ち込むが、神や幸運グッズがあれば、良いときが来るまで安心して待つことができる。

4　悪いときの次には必ず良いときがやって来るので、悪いときが来ても神や幸運グッズに頼る必要はない。

問題14　次はある市の市民活動の案内である。下の問いに対する答えとして、最もよいものを
　　　　１・２・３・４から一つ選びなさい。

74　料理を習いたいと思っている男性が参加できるものはいくつあるか。
　　　　１　１つ
　　　　２　２つ
　　　　３　３つ
　　　　４　４つ

75　インドから来た留学生が日本の伝統的なものを学びたいと思っている。平日午前中は毎日
　　　授業があるが、ほかはあいている。条件に合うものはいくつあるか。
　　　　１　２つ
　　　　２　３つ
　　　　３　４つ
　　　　４　５つ

地域でできる！

学び、遊び、楽しみ、社会貢献、国際交流

参加申し込みは市民センター窓口で、または電話：04-5678-1234まで。

インドの伝統カレーを作るサークル 　　　　**ナマステ** 市内在住のインド人主婦が自慢の料理を教えてくれます。 毎月　第二水曜日　午前11時〜 参加費用：材料費＋謝礼1,000円	**折り紙クラブ** 日本に古くからある折り紙。 国際的にも注目されています。 初心者からコンテスト入賞者まで、みんなで楽しく折りませんか。小さいお子さんも一緒に！ 参加費無料　毎週火曜日午後4時〜6時
みどり会 子どもたちが遊ぶ公園を花でいっぱいに。花作りは健康にもいいですよ。 火曜日　朝8時〜9時 参加者募集中！　若い人も歓迎します。	茶道教室（表千家）**わび庵** お茶は日本の心です。忙しい毎日から離れ、伝統の静けさの中でほっとひと息つきましょう。 毎週月曜日　朝10時〜　月謝：1,000円
ダンスサークル　**エレガント** プロの指導で気軽に社交ダンスを楽しみましょう。スタイルもよく、健康になれます。 木曜　午前10時〜12時 会費：月2,000円	**かすみ市点字サークル** 目の不自由な方のために、いろいろな本を手で触って読める本に翻訳しています。 完成した本は随時図書館に寄贈します。 目標は1万冊！ 毎週日曜日　午前10時〜12時
フラダンスクラブ　**アロハ** 腰をふるだけが、ハワイの踊りではありません。上品で神秘的な本当のフラを踊りましょう。 隔週月曜日午後　会費2,500円	**うつせみ** 日本伝統の着物の着方を覚えましょう。 月に一度、着物で外出するイベントも行ってます。 金曜　午後2時〜4時　月謝　2,000円
地域の伝統食を守ろう　**かすみ市の台所** 地域の人々が昔から食べてきた伝統の料理をおばあちゃんたちから学びましょう。 健康的でおいしい郷土料理です。男性も歓迎。 毎週土曜日10時〜12時　費用：実費	**つばさ** 子育て中のお母さん、集まれ！ 子どもといっしょに遊んだり、勉強したり楽しく過ごしましょう。 毎週木曜日1時〜3時　※2歳児まで

聴解

（50分）

＊ Disc A CD를 들어주세요.

問題 1

　問題 1 では、まず質問を聞いてください。それから話を聞いて、問題用紙の 1 から 4 の
中から、正しい答えを一つ選んでください。

1 番

2番<ruby>番<rt>ばん</rt></ruby>

1　ケーキ

2　<ruby>何<rt>なに</rt></ruby>も<ruby>買<rt>か</rt></ruby>わない

3　ネクタイ

4　<ruby>猫<rt>ねこ</rt></ruby>の<ruby>置物<rt>おきもの</rt></ruby>

3番<ruby>番<rt>ばん</rt></ruby>

1　<ruby>金曜日<rt>きんようび</rt></ruby>の1<ruby>時<rt>じ</rt></ruby>

2　<ruby>金曜日<rt>きんようび</rt></ruby>の6<ruby>時<rt>じ</rt></ruby>

3　<ruby>土曜日<rt>どようび</rt></ruby>の1<ruby>時<rt>じ</rt></ruby>

4　<ruby>日曜日<rt>にちようび</rt></ruby>の1<ruby>時<rt>じ</rt></ruby>

4番

1　6,000円

2　5,000円

3　4,000円

4　3,000円

5番

1　10日まで

2　11日まで

3　12日まで

4　13日まで

問題<rt>もんだい</rt>**2**

問題2

問題2では、まず、質問を聞いてください。そのあと、問題用紙の選択枝を読んでください。読む時間があります。それから、話を聞いて、問題用紙の1から4の中から、正しい答えを一つ選んでください。

1番

1　医者の話し方が冷たかったこと

2　医者が若くて信頼できなかったこと

3　医者が話を聞いてくれなかったこと

4　医者の専門が合っていなかったこと

2番

1　犬を預けられなかったから

2　孫が犬を見に来るから

3　犬を人に預けたくないから

4　孫が犬を連れて行くから

3番

1　いやなことを言われたから

2　泣くのをがまんしているから

3　娘が演奏で失敗をしたから

4　笑うのをがまんしているから

4番

1　この町に住んでいる外国の人だけ

2　この町で仕事をしている人だけ

3　この町に住んでいる人だけ

4　この町に住んでいる日本人だけ

5番

1　話題を用意しておくこと

2　はっきりと話すこと

3　自分のことを話すこと

4　相手の話をよく聞くこと

6番

1　新聞を読むことに慣れてほしいから

2　漢字の読み方を覚えてほしいから

3　社会について勉強をしてほしいから

4　忘れている漢字を思い出してほしいから

問題３

　問題３では、問題用紙に何も印刷されていません。まず、話を聞いてください。それか
ら質問と選択枝を聞いて、１から４の中から、正しい答えを一つ選んでください。

― メモ ―

問題4

問題4では、問題用紙に何も印刷されていません。まず、文を聞いてください。それから、それに対する返事を聞いて、1から3の中から、正しい答えを一つ選んでください。

― メモ ―

問題 5

<ruby>問題<rt>もんだい</rt></ruby> 5 では<ruby>長<rt>なが</rt></ruby>めの<ruby>話<rt>はなし</rt></ruby>を<ruby>聞<rt>き</rt></ruby>きます。

1 番

まず、<ruby>話<rt>はなし</rt></ruby>を<ruby>聞<rt>き</rt></ruby>いてください。それから、<ruby>二<rt>ふた</rt></ruby>つの<ruby>質問<rt>しつもん</rt></ruby>を<ruby>聞<rt>き</rt></ruby>いて、それぞれ<ruby>問題用紙<rt>もんだいようし</rt></ruby>の 1 から 4 の<ruby>中<rt>なか</rt></ruby>から、<ruby>正<rt>ただ</rt></ruby>しい<ruby>答<rt>こた</rt></ruby>えを<ruby>一<rt>ひと</rt></ruby>つ<ruby>選<rt>えら</rt></ruby>んでください。

質問 1

1　すぐにクリーニング<ruby>店<rt>てん</rt></ruby>に<ruby>電話<rt>でんわ</rt></ruby>をする

2　<ruby>朝<rt>あさ</rt></ruby>、クリーニング<ruby>店<rt>てん</rt></ruby>にシャツを<ruby>取<rt>と</rt></ruby>りに<ruby>行<rt>い</rt></ruby>く

3　<ruby>旅行先<rt>りょこうさき</rt></ruby>から、クリーニング<ruby>店<rt>てん</rt></ruby>に<ruby>電話<rt>でんわ</rt></ruby>する

4　シャツのことは、あきらめる

質問 2

1　すぐにクリーニング<ruby>店<rt>てん</rt></ruby>に<ruby>電話<rt>でんわ</rt></ruby>をする

2　<ruby>朝<rt>あさ</rt></ruby>、クリーニング<ruby>店<rt>てん</rt></ruby>にシャツを<ruby>取<rt>と</rt></ruby>りに<ruby>行<rt>い</rt></ruby>く

3　<ruby>旅行先<rt>りょこうさき</rt></ruby>から、クリーニング<ruby>店<rt>てん</rt></ruby>に<ruby>電話<rt>でんわ</rt></ruby>する

4　シャツのことは、あきらめる

　問題用紙には何も印刷されていません。まず、話を聞いてください。それから、質問と選択枝を聞いて、1から4の中から、正しい答えを一つ選んでください。

― メ モ ―

3番

問題用紙には何も印刷されていません。まず、話を聞いてください。それから、質問と選択枝を聞いて、１から４の中から、正しい答えを一つ選んでください。

―メモ―

第1回　실전모의테스트

N2　言語知識 (文字・語彙、文法)、読解　解答用紙

受験番号		名　前	

〈　ちゅうい　〉

1. くろいえんぴつ（HB）でかい
てください。

2. かきなおすときは、けしゴムで
きれいにけしてください。

3. きたなくしたり、おったりしな
いでください。

4. マークれい

①　●　③　④

問　題　1

1	①	②	③	④
2	①	②	③	④
3	①	②	③	④
4	①	②	③	④
5	①	②	③	④

問　題　2

6	①	②	③	④
7	①	②	③	④
8	①	②	③	④
9	①	②	③	④
10	①	②	③	④

問　題　3

11	①	②	③	④
12	①	②	③	④
13	①	②	③	④
14	①	②	③	④
15	①	②	③	④

問　題　4

16	①	②	③	④
17	①	②	③	④
18	①	②	③	④
19	①	②	③	④
20	①	②	③	④
21	①	②	③	④
22	①	②	③	④

問　題　5

23	①	②	③	④
24	①	②	③	④
25	①	②	③	④
26	①	②	③	④
27	①	②	③	④

問　題　6

28	①	②	③	④
29	①	②	③	④
30	①	②	③	④
31	①	②	③	④
32	①	②	③	④

問　題　7

33	①	②	③	④
34	①	②	③	④
35	①	②	③	④
36	①	②	③	④
37	①	②	③	④
38	①	②	③	④
39	①	②	③	④
40	①	②	③	④
41	①	②	③	④
42	①	②	③	④
43	①	②	③	④
44	①	②	③	④

問　題　8

45	①	②	③	④
46	①	②	③	④
47	①	②	③	④
48	①	②	③	④
49	①	②	③	④

第 1 回　실전모의테스트

Ｎ２　言語知識 (文字・語彙、文法)、読解　解答用紙

受　験　番　号		名　前	

< ちゅうい >

1. くろいえんぴつ（ＨＢ）でかいてください。

2. かきなおすときは、けしゴムできれいにけしてください。

3. きたなくしたり、おったりしないでください。

4. マークれい

① ● ③ ④

問　題　9				
50	①	②	③	④
51	①	②	③	④
52	①	②	③	④
53	①	②	③	④
54	①	②	③	④

問　題　10				
55	①	②	③	④
56	①	②	③	④
57	①	②	③	④
58	①	②	③	④
59	①	②	③	④

問　題　11				
60	①	②	③	④
61	①	②	③	④
62	①	②	③	④
63	①	②	③	④
64	①	②	③	④
65	①	②	③	④
66	①	②	③	④
67	①	②	③	④
68	①	②	③	④

問　題　12				
69	①	②	③	④
70	①	②	③	④

問　題　13				
71	①	②	③	④
72	①	②	③	④
73	①	②	③	④

問　題　14				
74	①	②	③	④
75	①	②	③	④

第 1 回　실전모의테스트

N2　聴解　解答用紙

受験番号		名前	

< ちゅうい >

1. くろいえんぴつ（HB）でかい
てください。

2. かきなおすときは、けしゴムで
きれいにけしてください。

3. きたなくしたり、おったりしな
いでください。

4. マークれい

①	●	③	④

問題 1

問		題		1
1	①	②	③	④
2	①	②	③	④
3	①	②	③	④
4	①	②	③	④
5	①	②	③	④

問題 2

問		題		2
1	①	②	③	④
2	①	②	③	④
3	①	②	③	④
4	①	②	③	④
5	①	②	③	④
6	①	②	③	④

問題 3

問		題		3
1	①	②	③	④
2	①	②	③	④
3	①	②	③	④
4	①	②	③	④
5	①	②	③	④

問題 4

問		題		4
1	①	②	③	
2	①	②	③	
3	①	②	③	
4	①	②	③	
5	①	②	③	
6	①	②	③	
7	①	②	③	
8	①	②	③	
9	①	②	③	
10	①	②	③	
11	①	②	③	
12	①	②	③	

問題 5

問			題		5
1	(1)	①	②	③	④
	(2)	①	②	③	④
2		①	②	③	④
3		①	②	③	④

新일본어 능력시험

U-CAN 실전모의테스트 N2

초판인쇄_ 2010년 6월 5일

초판발행_ 2010년 6월 10일

저자_ ユーキャン 日本語能力試験研究会

책임편집_ 이주영 · 中原 美菜子

표지디자인_ 신영미

펴낸이_ 엄호열

펴낸곳_ (주)시사일본어사

등록일자_ 1977년 12월 24일

등록번호_ 제300-1977-31호

주소_ 서울 종로구 원남동 13번지

전화_ 1588-1582(교재구입문의) / 02)3671-0572(교재내용문의)

팩스_ 02)3671-0500

홈페이지_ book.japansisa.com

이메일_ tltk@chol.com

요점이 한눈에 보이는 자세한 해설로
혼자서도 쉽게 학습!

N2

新 일본어능력시험
U-CAN
실전모의테스트

U-CAN 일본어능력시험연구회 펴냄

실전모의테스트 2회

일본어 으뜸
(주)시사일본어사
book.japansisa.com

第 2 回
실전모의테스트

言語知識（文字・語彙、文法）、読解

（105分）

問題1　______の言葉の読み方として最もよいものを、1・2・3・4から一つ選びなさい。

1　税金を納める。
　　1　さだめる　　　　2　きめる　　　　3　もとめる　　　　4　おさめる

2　世界の人口は68億人に達するという。
　　1　だっする　　　　2　たっする　　　　3　だつする　　　　4　たつする

3　あなたの意見を尊重したい。
　　1　ぞんちょう　　　2　そんじゅう　　　3　そんちょう　　　4　そんちょ

4　それでは私の立場がない。
　　1　たちば　　　　　2　たつば　　　　　3　りつじょう　　　4　りつば

5　知識を吸収する。
　　1　きゅしゅう　　　2　きゅうしゅう　　3　きゅうしゅ　　　4　きゅうじゅう

6　お年寄りをうやまう気持ちを忘れないようにしたい。

　　1　礼う　　　　2　貴う　　　　3　尊う　　　　4　敬う

7　新しいビルをせっけいする。

　　1　設計　　　　2　説計　　　　3　積計　　　　4　設型

8　新商品の売れ行きはじゅんちょうだ。

　　1　準調　　　　2　順状　　　　3　順調　　　　4　順張

9　彼女とわかれてから誰ともつきあっていない。

　　1　別れて　　　2　放かれて　　3　解れて　　　4　去れて

10　日本車はせいのうがよい。

　　1　制能　　　　2　性能　　　　3　性脳　　　　4　製能

問題3　（　　　）に入れるのに最もよいものを、1・2・3・4から一つ選びなさい。

11　息子がマンガばかり読んでいるので、とうとうマンガを取り（　　　）。
　　1　かえた　　　　2　あげた　　　　3　けした　　　　4　だした

12　転んで立てなくなっていたら、通り（　　　）人が助けてくれた。
　　1　こした　　　　2　きった　　　　3　すぎた　　　　4　かかった

13　あしたの朝9時から担当者との（　　　）合わせがある。
　　1　問い　　　　2　打ち　　　　3　組み　　　　4　つめ

14　（　　　）時点では賛成とも反対とも言えない。
　　1　現　　　　2　今　　　　3　当　　　　4　同

15　結婚相手に（　　　）収入を求める女性が多い。
　　1　多　　　　2　増　　　　3　良　　　　4　高

問題４　（　　　　）に入れるのに最もよいものを、１・２・３・４から一つ選びなさい。

[16] 田中さんは新しい会社の社長に（　　　　）したそうだ。
　　　１　就職　　　　　　２　役割　　　　　　３　就任　　　　　４　勤務

[17] 交差点の一つ（　　　　）の角を右に曲がってください。
　　　１　近所　　　　　　２　直前　　　　　　３　近道　　　　　４　手前

[18] セーターを洗濯したら、（　　　　）しまって着られなくなった。
　　　１　こすって　　　　２　ちぢんで　　　　３　たまって　　　４　しぼって

[19] あの先生の話はむずかしすぎて、何を言っているのか（　　　　）わからない。
　　　１　さっぱり　　　　２　うっかり　　　　３　がっかり　　　４　ぐっすり

[20] 五月には（　　　　）風が吹く。
　　　１　みじめな　　　　２　ほがらかな　　　３　おおざっぱな　　４　さわやかな

[21] （　　　　）やると決めたら、簡単にあきらめてはいけない。
　　　１　いっぽう　　　　２　いったん　　　　３　いっそう　　　４　いったい

[22] 寒くなってきたので、そろそろ（　　　　）を出そう。
　　　１　スクール　　　　２　ステレオ　　　　３　ストーブ　　　４　ステージ

問題5 ＿＿＿の言葉に意味が最も近いものを、1・2・3・4から一つ選びなさい。

23 青い空をながめていたら、なんとなく旅に出たい気分になった。
　　1　突然　　　　　　2　わけもなく　　　3　どうしても　　　4　無理に

24 友人たちとゆかいに一日を過ごした。
　　1　楽しく　　　　　2　忙しく　　　　　3　久しぶりに　　　4　ゆっくりと

25 遅刻しないよう再三注意した。
　　1　最後に　　　　　2　もう一度　　　　3　再び　　　　　　4　何度も

26 作業終了後、ただちに報告してください。
　　1　正確に　　　　　2　できるだけ　　　3　すぐに　　　　　4　正直に

27 何があっても、いつもと同じようにふるまいなさい。
　　1　勉強しなさい　　　　　　　　　　　2　考えなさい
　　3　行動しなさい　　　　　　　　　　　4　食事をしなさい

問題6　次の言葉の使い方として最もよいものを、1・2・3・4から一つ選びなさい。

28　不平

1　不平なことばかりが続く。早く平和な世の中になってほしい。

2　今の状況に不平を言っているだけでは、何も解決しない。

3　一部の学生にだけ伝えるのは、不平だと思われてもしかたがない。

4　この家は建ててから50年以上たつので、床が不平になってしまっている。

29　サンプル

1　新製品のサンプルを配って、消費者の感想を聞く。

2　新しい商品を開発中なのだが、なかなかいいサンプルが思いつかない。

3　前からこういう製品がほしいと思っていた。これは私の理想のサンプルだ。

4　この商品は若い消費者のサンプルに合わない。

30　しぼむ

1　寝不足で目がしぼんで、黒板がよく見えない。

2　くだものをしぼんでジュースにした。

3　水不足が続いて、水道がしぼんでしまった。

4　この花は朝さいて、夕方にはしぼんでしまう。

31　感心

1　私はイギリス文学に感心を持っている。

2　あきらめずに努力を続ける彼の姿に感心する。

3　自分の感心だけで行動してはいけない。

4　私には彼女の感心がわからない。

32　せめて

1　この様子では、せめて雨が降り出すだろう。

2　ふるさとにはせめて二度と帰らなかった。

3　会えないのなら、せめて声だけでも聞きたい。

4　せめて人に何と言われても、私は行くつもりだ。

問題7　次の文の（　　　　）に入れるのに最もよいものを、1・2・3・4から一つ選びなさい。

33　行くと約束したのだから、行かない（　　　　）。

1　わけにはいかない　　　　　　　　　2　ほかはない

3　にすぎない　　　　　　　　　　　　4　にちがいない

34　そんなに泥（　　　　）になって。どこで遊んでいたの。

1　だけ　　　　　　2　だらけ　　　　　　3　かぎり　　　　　　4　ばかり

35　どこに行っても24時間営業の店がある。便利な世の中になった（　　　　）だ。

1　ところ　　　　　　2　まで　　　　　　3　ほど　　　　　　4　もの

36　お母さまはお元気で（　　　　）。

1　おりますか　　　　　　　　　　　　2　なさいますか

3　いらっしゃいますか　　　　　　　　4　いたしますか

37　ほかにも急ぎの用事があったので、山田さんに頼まれた仕事は（　　　　）。

1　断るほどではなかった　　　　　　　2　断らなかったわけだ

3　断らざるをえなかった　　　　　　　4　断るべきではなかった

38　山田さんは10年もフランスに住んでいた（　　　　）、フランス語がとても上手だ。

1　だけあって　　　　　　　　　　　　2　にもかかわらず

3　以上は　　　　　　　　　　　　　　4　かと思うと

39　たばこを（　　　　）、休の調子はよくなりませんよ。

1　やめないにもかかわらず　　　　　　2　やめないかぎり

3　やめないながら　　　　　　　　　　4　やめないことから

40　走ること（　　　　）、クラスの誰にも負けないつもりだ。

1　にかけては　　　　2　にあたっては　　　　3　にとっては　　　　4　にしては

41 たとえみんなに（　　　　）、私は彼女と結婚するつもりだ。

 1　反対されると   2　反対されれば

 3　反対されるにもかかわらず 4　反対されても

42 景気が回復する（　　　　）、人々の暮らしに余裕がでてきた。

 1　につけても 2　につれて 3　としても 4　とおりに

43 信じられないことが次々に起こって、夢を見ているかの（　　　　）。

 1　ようだ 2　そうだ 3　みたいだ 4　ものだ

44 結婚相手に求める条件は人（　　　　）違う。

 1　として 2　にかわり 3　によって 4　にとって

問題8　次の文の　_★_　に入る最もよいものを、1・2・3・4から一つ選びなさい。

（問題例）

きのう＿＿＿＿＿　＿＿＿＿＿　＿_★_＿　＿＿＿＿＿　はとてもおいしかった。

1　母　　　　　　2　買ってきた　　　3　が　　　　　　4　ケーキ

（解答の仕方）

1．正しい文はこうです。

きのう＿＿＿＿＿　＿＿＿＿＿　＿_★_＿　＿＿＿＿＿　はとてもおいしかった。
　　　　1　母　　　3　が　　　2　買ってきた　4　ケーキ

2．_★_　に入る番号を解答用紙にマークします。

（解答用紙）　（例）①●③④

45　行くと　＿＿＿＿＿　＿＿＿＿＿　_★_　＿＿＿＿＿　絶対に行く。

1　反対されても　　　2　みんなに　　　3　からには　　　4　決めた

46　この町は　＿＿＿＿＿　＿＿＿＿＿　_★_　名前になった。

1　富士見町という　　　　　　2　よく見えた
3　富士山が　　　　　　　　　4　ことから

47　佐藤さんは長い間　＿＿＿＿＿　_★_　＿＿＿＿＿　そうだ。

1　悩んだ　　　　　　　　　　2　やめた
3　大学に行くのを　　　　　　4　あげく

48 山田さんの送別会なのだから、＿＿＿＿＿ ＿＿＿＿＿ ★ ＿＿＿＿＿ 。

1　来ない　　　　2　始まらない　　　3　ことには　　　4　山田さんが

49 彼は ＿＿＿＿＿ ＿＿＿＿＿ ★ ＿＿＿＿＿ 1人で出かけて行った。

1　にもかかわらず　　　　　　2　みんなに
3　あれほど　　　　　　　　　4　反対された

問題9　次の文章を読んで、50から54の中に入る最もよいものを、1・2・3・4から一つ
　　　　選びなさい。

　　地域や文化によって言語が違うように、音楽も違います。
　　誰が聞いてもすぐわかる違いは、リズムです。リズムには、「1・2・3、1・2・3…」
と3つずつの拍で進む3拍子や、「1・2、1・2…」と、歩くのにちょうどいい2拍子など、
さまざまなリズムがあります。これが文化によって違うのです。
　　たとえば、日本の伝統音楽には3拍子がありません。3拍子は馬に乗って生活する文化で
作り出されるリズムだと言われています。日本人も馬に乗ることはありましたが、生活の中
心ではありませんでした。日本人の生活の中心は昔から農耕でした。だから、日本の生活に
は一歩一歩2本の足で歩く2拍子がよく、3拍子は使われなかったと50。
　　また、音階も違います。音階51、「ド・レ・ミ・ファ・ソ・ラ・シ」という7つの音の
階段のことだと思う人も多いでしょう。しかし、それは、ヨーロッパという地域の音階で
す。地球上の音楽のすべてが、このような7音階でできているのではありません。
　　たとえば、アジアには5つの音階を使う地域が多いです。日本もその仲間です。もっと
も、同じ5音階でも、高さが同じ音とはかぎらないので、5音階といっても、地域によって
いろいろです。
　　52、ここまでのことを頭に入れて、「音楽は世界のことば」というよく使われる宣伝文
句の意味を考えてください。この言い方は正しいでしょうか。
　　53は明らかです。
　　今、世界でもっとも広く使われている言語は英語だと言っていいでしょう。その英語を使
えば、だいたいどこの国に行ってもコミュニケーションがとれます。しかし、54、単純に
「英語は世界のことば」と言えるでしょうか。
　　音楽でも同じことが起こっているということなのです。

50

　　1　考えました　　　　　　　　　　　2　考えられています
　　3　考えるでしょう　　　　　　　　　4　考えましょう

51

　　1　というものは　　2　にしては　　　　3　にしても　　　　4　というと

52

1　さて　　　　　　　2　とにかく　　　3　なお　　　　　　　4　まず

53

1　正しいもの　　　　　　　　　　　2　正しいこと
3　正しくないもの　　　　　　　　　4　正しくないこと

54

1　だからこそ　　　　　　　　　　　2　だからといって
3　そればかりか　　　　　　　　　　4　そればかりに

問題10　次の(1)から(5)の文章を読んで、後の問いに対する答えとして最もよいものを、１・２・
　　　　３・４から一つ選びなさい。

(1)　デジタル社会 (注1) では、毎日大量の情報が作り出され、インターネット上に蓄積される (注2)。
　　インターネットの特徴は、全体に対する責任が誰にも存在しないことである。（もちろん
　　技術標準については全体的な管理が行われている。）インターネットを支えているのは、
　　サービスや情報の提供者 (注3)、接続業者、技術的専門家の組織、国の組織、国連のフォー
　　ラム (注4) などであるが、これらが責任を持つのは、それぞれの担当範囲だけである。
　　　郵便や宅配便などの場合は、サービスを提供するのは一つの企業で、その企業がサービ
　　ス全体に対して責任を持っている。この点でインターネットは、日常の普通のサービスと
　　大きく異なっている。

（徳田雄洋『デジタル社会はなぜ生きにくいか』岩波書店による）

（注１）デジタル社会：コンピューターなどの機械を多用する社会
（注２）蓄積する：ためる
（注３）提供者：ほかの人に使えるようにしている人
（注４）フォーラム：会議

55　インターネットが日常の普通のサービスと大きく異なっているのはどんなことか。
１　全体の責任を取るものがいないこと
２　国や国連によって管理されていること
３　一つの企業に責任が存在すること
４　誰も全体的な管理を行っていないこと

⑵　ある国に、「ひとりで食事をする」という意味の特別な表現がある。それがよくあるこ
とだからではなく、それが珍しいことだからだ。その背景には、食事は人といっしょに食
べるものだという考え方があるのだが、この国の人にかぎらず、食事というものは、ひと
りで食べるより、複数で食べるほうが楽しいものではないだろうか。ところが、今、日本
では人といっしょに食事をしない人が増えているのだそうだ。ひとりで食べることをなん
とも思わない。むしろ、人と食べると落ち着かないということだ。

[56]　筆者はひとりで食事をすることをどう思っているか。

1　珍しい。

2　楽しくない。

3　落ち着かない。

4　なんとも思わない。

(3)　四十代の大台に乗ったとき、四十代は早いよ、と言われた。<u>五十代はもっと早い</u>と言われ、全くそれは正しかった。あと二年余で還暦 (注1) だってさ。ウッソー、と若い人を真似て言ってみるけれど、その言葉はもう使われていないそうだ。

　十歳のときの一年は全人生の十分の一だから結構長い。しかし五十七歳の一年は、五十七分の一の分量しかない。

　結局、時間の感覚は、記憶で作られている何かに比較されて、長く感じたり短く感じたりするのかも知れない。同じ大きさの太陽が中天と山際 (注2) ではまるで違って見えるように、知らず知らずのうちに、自分の記憶の総量を目盛りにして、今を測っているのだろう。

　　　　（髙樹のぶ子「時　過ぎゆくままに」日本文藝家協会編『犬のため息』所収　光村図書出版による）

（注１）還暦：60歳のこと
（注２）中天と山際：空の一番高いところと山の端の日が沈むところ

57　この文章によると、四十代より<u>五十代はもっと早い</u>のはなぜか。

1　四十代より五十代のほうが記憶がはっきりしなくなっているから。

2　四十代にも見えない若々しい人が五十代に見えるわけがないから。

3　四十代の一年は人生の四十分の一だが、五十代は五十分の一だから。

4　四十代よりも五十代のほうが還暦に近いから。

⑷　ゴルフなど心理的な要素の強いスポーツではよく「ゾーンに入る」という言葉が使われる。英語の「イン・ザ・ゾーン」の訳だ。この「ゾーン」とは精神が集中するあまり幸福感や自信が心にあふれ、自然に体が動いて最高の実力を発揮できる状態である。

　当人にすれば時間の流れが遅く感じられ、すべてがうまくいく方向に背を押される感覚という。無我や忘我、自在といった武道の境地にも通じよう。ただこればかりは意識してそうなれるのではない。「やってくる」のを待つしかないそうだ。

（『余録』毎日新聞2010年1月13日付朝刊による）

58　やってくるのは何か。

1　ゾーン

2　時間

3　武道の境地

4　最高の実力

(5)　宇宙飛行士から聞いた話だが、夜間アジアの方向に入り、日本の上あたりにくると、夜なのに日本列島の形がわかるそうだ。

　　まわりの国々は夜の闇に沈んでいるのに、日本だけわかるというのは、それだけ日本列島中くまなく電気のあかりが点いているからである。

　　街灯や自動販売機は日本中に灯されているし、都市部は夜も眠らない。エネルギー自給率が先進国最下位の日本のこの傲岸不遜 (注) ともいうべきピカピカギラギラぶりは、各国からあつまってきた宇宙飛行士の中ではきわめて恥ずかしい風景であるらしい。

（椎名誠「あかるい日本」日本文藝家協会編『父娘の銀座』所収　光村図書出版による）

（注）傲岸不遜：偉そうで生意気な様子

59　ここではどういうことを恥ずかしいと言っているのか。

1　エネルギーを無駄に使って目立っていること

2　光の種類がほかの国にくらべて下品なこと

3　夜なのに都市の人々が眠らないでいること

4　光がほかのアジアの国に迷惑をかけていること

問題11　次の(1)から(3)の文章を読んで、後の問いに対する答えとして、最もよいものを１・２・
　　　　３・４から一つ選びなさい。

(1)　おしゃべりに使うことばには、流行語と言われるものがある。若者同士のおしゃべりに
は欠かせないものである。流行語を使うことによってしか伝えられない彼らの気持ちがあ
る。おしゃべりについて考えるとき、彼らのことばを無視できない。
　　日本人の大学生にも日本語学などを教えている手前、彼らとのおしゃべりは、私にとっ
て研究のネタ (注1) の大事な取材 (注2) の場でもある。
　　しかし若者のことばづかいについて、いろいろ①批判的に言われることがある。「ことば
の乱れ (注3)」とか、「日本語を破壊するもの」とか。
　　ことばは変化することが本質である、と昔の偉い言語学者が言っている。変化するけれ
ど、誰かが変えようと思っても、変えることはできない。逆に、変化させまいとしても、
そのままの形で保たせることは決してできない。
　　②そうであれば、彼らのことばを一方的にダメなものとして見るのではなく、ことばの
面白さを表すものとして考えることもできるだろう。

（金田一秀穂『新しい日本語の予習法』角川書店による）

（注１）ネタ：材料
（注２）取材：現場で情報を集めること
（注３）乱れ：正しくなくなること

60　　若者のことばが①批判的に言われるのはなぜか。
　１　日本語を変えようとしているから。
　２　昔のままの日本語と違うから。
　３　気持ちをうまく伝えられないから。
　４　誰もことばを変えられないから。

61　　②そうであればとはどういうことか。
　１　ことばは変化させようとしても変化させられないのであれば、ということ
　２　ことばは変化させないでおくことはできないのであれば、ということ
　３　ことばはそのままの形を保たせるべきものなのであれば、ということ
　４　ことばの変化は偉い言語学者が作り出すものなのであれば、ということ

62　筆者は若者の使う流行語について、どのように考えているか。

1　日本語を壊す可能性があるので、よく考えて使わなければならない。

2　変化が速く、すぐ消えてしまうので、急いで研究しなければならない。

3　ことばというものは変化するものだから、その様子を楽しめばいい。

4　若者が大人になれば忘れられる一時的なものだから、無視してよい。

(2)　言うまでもないことだが、話を狭く学力だけに限って、それが高いのと、低いのとでは
どちらがいいか、という問い方をすれば答は明白である。それは高いほうがいいに決まっ
ている。テストをやって、一〇〇点を取るのと、八〇点取るのとではどっちがいいでしょ
うと言ってるのと同じだ。それは一〇〇点を取るほうがいいのであり、それが可能かな、
ということを調べるためにテストってものがあるのだ。

　　しかし、問い方を変えれば答はシンプルではなくなる。テストで一〇〇点を取る子と、
八〇点しか取れない子では、どちらがいい子だろうか、と考えてみるのだ。

　　それだと、いちがいに (注) は①答えられない、という答になるはずである。

　　どちらがいい子か、という総合的評価ならば、テストの結果だけでとてもではないがあ
れこれ言えるはずがないのである。

　　それどころか、一〇〇点を取る子と、八〇点を取る子では、どちらが頭がいいだろう
か、という問いにしてみても、そう簡単には答えられない。そのテストにおいては、一〇
〇点取った子のほうが成績がよかった、というのは事実だが、頭がいいかどうかはそれと
は別のことなのである。

　　そうは思えない、という人がいそうだ。テストでいい点を取ったのだもの、それは学力
が上だということであり、そのことをもって頭がいいと認めてやるしかないじゃないか、
と思う人が。

　　②そういう人に私がきいてみたいのは、あなたは、学力ってものを知力のことだと思っ
ているんじゃないですか、ということだ。

（清水義範『行儀よくしろ。』筑摩書房による）

（注）いちがいに：一度にまとめて同じように

63　①答えられないのはなぜか。
1　テストではその子についての総合的なことがわからないから。
2　100点と80点の差は学力を決める時あまり大きな違いではないから。
3　テストの結果というものは、ひとことで説明できないものだから。
4　テストで100点を取るほうがいい子であると決まっているから。

64　②そういう人とはどんな人か。
1　テストの点がいいことは頭がいいことだと認められない人
2　成績がいいことと頭がいいことが同じことだと思えない人
3　テストでいい点を取ったことがあって、頭がいいと認められた人
4　テストでいい点を取ることが頭がいいことを意味すると思う人

__65__　この文章で筆者が言いたいことは何か。

1　成績がいいことは学力があることを示している。

2　成績がいいことと頭がいいことは別のことだ。

3　テストの点がいいことと成績がいいことは別のことだ。

4　テストの点がいいことは頭がいいことを示している。

(3)　欧州の研究チームが、５万年前の装身具をスペインの洞窟^{どうくつ}で見つけたという。小さな穴が開いた貝殻（注1）で、ひもを通して首飾りにしたらしい。中には顔料（注2）とおぼしき（注3）オレンジ色の鉱物が付着したものがあり、「化粧」の道具にも使っていたようだ。

　　今の人類が欧州に広がったのは約４万年前。ということは、入れ替わるように衰勢となった①ネアンデルタール人が貝細工（注4）を残したことになる。絶滅の理由は知能の未発達とされてきたが、実はそこそこ知的で、おしゃれだったのではないか。

　　狩猟のための石器と違い、生存に関係のない装飾品には遊び心がのぞく。動物の骨や歯、木の実なども使ったことだろう。森や浜で、あれこれ見つくろう姿が浮かんでくる。

　　さらには顔料である。高橋雅夫氏の『化粧ものがたり』によると、古代人にとってオレンジ色は②特別な意味を持っていた。それは、恐ろしい闇を追い払ってくれる朝日の輝きであり、暖をとり、獲物の肉を焼くたき火の色だった。喜びと幸せの色だ。

　　水面に映る己の姿を見ながら、貝殻で飾り、顔や体を祝いの彩りに染める。彼らが生存競争に敗れたのは、足りない知恵のせいではなく、あふれる優しさが災いした（注5）のかもしれない。驚きの発見に推論を重ねて、あるところからは想像の一人旅。考古学の愉悦（注6）である。

（『天声人語』朝日新聞2010年１月14日付朝刊による）

（注１）貝殻^{かいがら}：貝の外側の硬い部分
（注２）顔料^{がんりょう}：ものに色をつけるための液体や粉
（注３）おぼしき：思われる
（注４）細工^{さいく}：工夫して作った物
（注５）災い^{わざわ}する：悪いことの原因となる
（注６）愉悦^{ゆえつ}：楽しいこと

66　①ネアンデルタール人が貝細工を残したことになると考えられる理由は何か。

1　ネアンデルタール人は５万年前に絶滅したから。

2　今の人類は４万年前には知能が未発達だったから。

3　ネアンデルタール人は知能が未発達だったから。

4　今の人類は５万年前にはいなかったはずだから。

67　②特別な意味とはどういう意味か。

1　遊びの気持ちを表す意味

2　心の優しさを表す意味

3　光や暖かさを表す意味

4　生活の豊かさを表す意味

68　筆者は、ネアンデルタール人の知能についてどう考えているか。

1　今の人類より知能が高すぎたために生存競争に敗れ、絶滅してしまったのだろう。

2　その知能の水準についてわからないことが多く、研究が更に進むことが期待される。

3　今の人類よりおしゃれで性格が優しかったのは、知能が低かったからだろう。

4　知能が未発達だったと言われているが、思ったより知的だったのではないか。

問題12　次のＡ、Ｂ、Ｃはある新聞にのせられたテレビ番組の感想である。三つの文章を読ん
　　　　で、後の問いに対する答えとして、最もよいものを１・２・３・４から一つ選びなさい。

A

　社会的に影響の大きかった深刻な事故なのに、ドラマとしては完成していたと思います。
なんだか、見ている人を泣かせるだけ、みたいな場面が気になりました。もちろん、事故の
悲しさを伝えるのは大事だけど、それより、どうしてこんなことが起こるのかとか、何が問
題なのかっていうことを、もっと掘り下げてほしかったです。主演の俳優がすごくがんばっ
て演技していたから、ちょっともったいないです。

B

　実際に起こった事故をドラマで見ると、こういう事故の怖さがよくわかる。建設現場での
事故は最近新聞でも取り上げられて話題になっているが、個人が気を付けるだけでは安全は
守れない。工事の現場だけではなく、工事を発注する会社も、働く人や周辺の住民の安全を
守るため、全体で取り組まなければならない。そう考える人を増やすためにも、こういう番
組はもっとあってもいいと思う。

C

　感動的すぎて嘘なんじゃないかと思うところがあったし、どこまでが本当にあったこと
で、どこまでがドラマで作ったことなのかわからなかったです。関係者のインタビューと
か、途中で入れてもよかったのではないかと思います。でも、ドラマにすることで、現実よ
り現実的になっていました。俳優さんの演技もすばらしく、まるで自分が事故に遭ったよう
に苦しみ、悲しみを感じました。

69　このテレビドラマはどんな内容だったか。

1　社会的に問題になった大きな事故を、事実をもとに作ったもの

2　今後建設現場で起こる可能性がある事故を予想して作ったもの

3　最近話題になった事故が起こった原因を詳しく追求して作ったもの

4　実際にあった大きな事故を、関係者の話の紹介をいれて作ったもの

70　Ａ、Ｂ、Ｃが共通して評価していることは何か。

1　よくできたドラマであること

2　事故の内容を正確に伝えていること

3　事故の原因がよくわかること

4　主演の俳優がすばらしい演技を見せたこと

問題13　次の文章を読んで、後の問いに対する答えとして、最もよいものを１・２・３・４から
　　　　一つ選びなさい。

　　いつも疑問に思うことがある。①誰もが「日本」や「日本経済」を問題にするが、それは
どうしてなのだろうか、ということだ。テレビの討論番組などでも、雑誌や新聞の特集で
も、問題とされ、議論の中心となるのはたいてい「日本」だ。日本をどうすればいいのか、
日本が元気になるために何が必要なのか、日本経済の再生のためには何が足りないのか……。
　　日本は変わらなければならない、というようなことを言う人を見るたびに、「どうやって
変えると言うんだ、そんなことを言う前に②お前が変われ」と思う。活力やビジョン (注1) を
失っているのは、一人一人の個別の人間であり、企業であり、自治体や地域ではないのか。
たとえばわたしの故郷の佐世保市や長崎県は、七〇年代から続く造船不況の影響もあって、
帰郷するたびに寂れていくのがわかる。
　　だが、「佐世保市や長崎県の経済をどうやって再生するのか」とは誰も問わない。造船業
をどうやって再生するかという議論も見たことがない。個別の企業、たとえばダイエーのよ
うに巨大な有利子負債を抱えた企業をどうやって再生すればいいのか、答えを示すエコノミ
スト (注2) はいない。産業の問題だけではない。たとえば教育でも、荒廃しきっている個別の
学校やクラスのことは具体的に問題になることがない。ナイフを出して向かってくる児童生
徒に対しては自衛のための暴力が許されるのかどうか、そういった議論もない。
　　「日本」の問題が解決すれば、個人の問題も、個別の企業の問題も、個別の自治体の問題
も解決するのだろうか。長崎県やダイエーの経済的再生よりも、「日本」の経済的再生のほ
うが簡単なのだろうか。
　　最近わたしは、「日本全体」のソリューション (注3) について論議する人たちが胡散臭く (注4)
思えるようになってしまった。個人や、個別の企業や自治体についてのソリューションを口
にすれば、何らかの形での「責任」が発生する。だが、日本のこと、日本経済のことは、い
くら批判したり提言したりしても、責任を取る必要がないのである。

　　　　　　　　（村上龍「欧州最南端にて」日本文藝家協会編『犬のため息』所収　光村図書出版による）

（注1）ビジョン：将来への計画
（注2）エコノミスト：経済の評論や分析の専門家
（注3）ソリューション：解決方法
（注4）胡散臭い：あやしくて信用できない

71　筆者によると①誰もが「日本」や「日本経済」を問題にするのはなぜか。

1　これが解決すれば個別の問題も解決するから

2　発言に責任を取らなくてもいいから

3　この問題のほうが簡単に解決するから

4　誰にも責任のある重大な問題だから

72　②お前とは誰のことか。

1　テレビの視聴者や、新聞、雑誌の読者

2　話を聞いている筆者

3　日本全体についての意見を述べる人

4　元気をなくした一人一人の個別の人間

73　筆者がこの文章で一番言いたいことはどんなことか。

1　日本全体のことを議論しても、具体的な個別の問題は解決しないのだから、そんな議論
をするのは無責任だ。

2　個別の問題についてひとつひとつ解決しても日本全体はよくならないが、日本全体につ
いてもっと真剣に議論すべきだ。

3　日本全体が変われば、自動的に個別の問題も解決していくのだから、人々は責任をもっ
て批判や提言を行うべきだ。

4　日本全体について議論することは大きな責任をともなうが、日本経済のことについて
は、誰も責任を取る必要はない。

問題14　次は「かすみ市」の子どもの救急医療に関する案内である。下の問いに対する答えとし
　　　　て、最もよいものを１・２・３・４から一つ選びなさい。

<u>74</u>　子どもが深夜２時に熱を出した場合、最初に電話するのはどこか。

　　１　健康増進課

　　２　かすみ市休日夜間急患センター

　　３　休日夜間診療所

　　４　子ども急患電話相談

<u>75</u>　この案内についてもっと知りたいとき、どうするか。

　　１　市役所健康増進課に電話する。

　　２　子ども急患電話相談に電話する。

　　３　「かすみ市医療なび」のサイトを見る。

　　４　近くの医療機関を探す。

お子さんの体調が心配なとき

まずは

子ども急患電話相談
1825-5252

　家庭での処置や、受診の要不要などについて、専門の看護師がお答えします。
【月〜金曜日】　17時〜翌9時
【土・日曜日、祝・休日】　9時〜翌9時

初期救急
（軽症）

　急な発熱などで、どうしても今、受診しなければならないときに利用します。診察の結果によっては、二次救急医療機関へ紹介することもあります。
　休日・夜間の救急診療については、各休日夜間診療所へ。深夜（22時〜翌6時）の救急診療については、かすみ市休日夜間急患センター（1687-8180）へ

二次救急
（中等症・重症）

　初期救急の診療で検査や入院が必要と診断され紹介された場合、また、救急車で運ばれた場合などに対応します。
　市内では、かすみ市医療センターが担当しています。

「かすみ市医療なび」をご利用ください
「かすみ市医療なび」は、次のように医療機関などが探せる便利なホームページです。
・今診てもらえる医療機関を探す。
・近くの医療機関を探す。
・休日夜間の当番医を探す。
http;//www.city-kasumi.jp/iryonavi/

詳しくは市役所健康増進課（TEL3829-1292）へ

ちょう かい
聴　解

(50ぷん分)

＊ DiscB CD를 들어주세요.

問題1

問題1では、まず質問を聞いてください。それから話を聞いて、問題用紙の1から4の中から、正しい答えを一つ選んでください。

1番

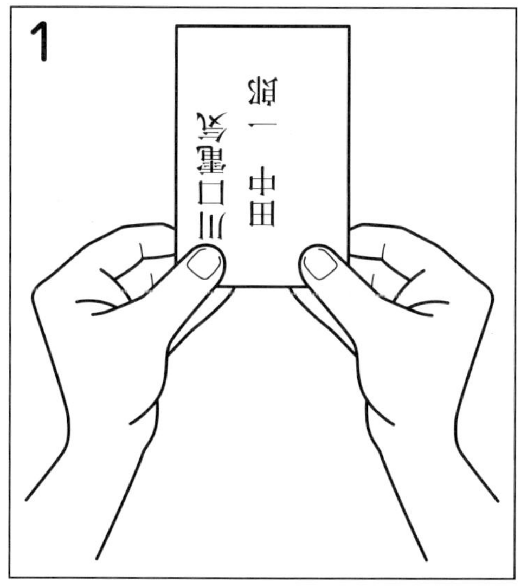
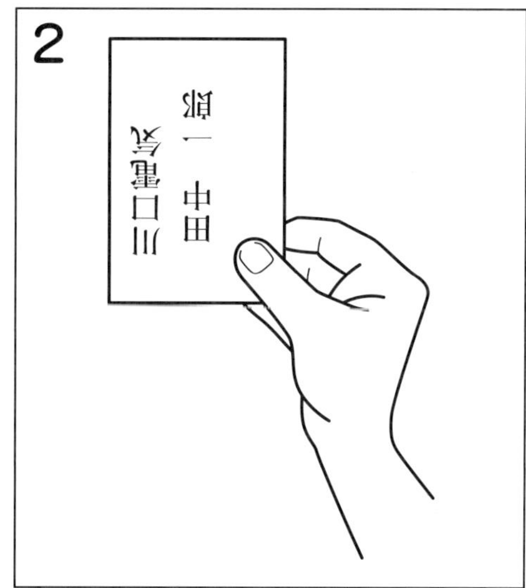
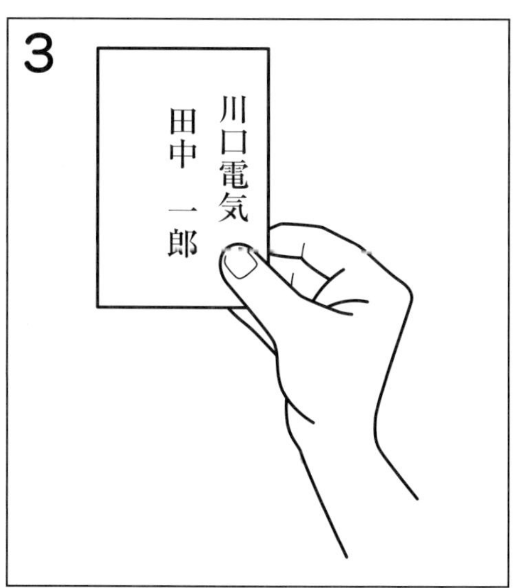
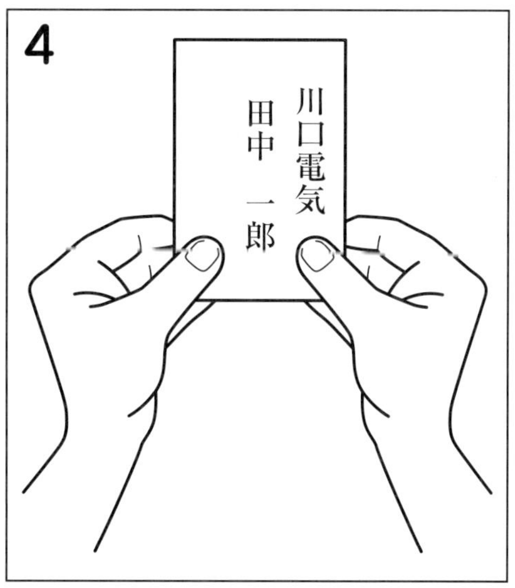

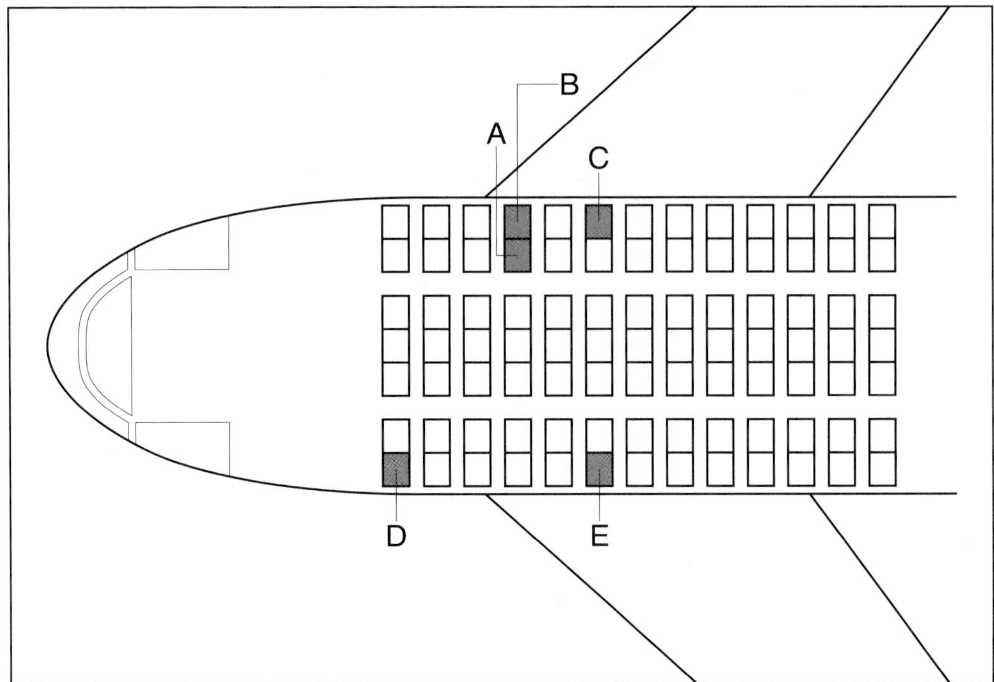

1 AとB

2 BとC

3 CとD

4 DとE

3番

1　果物の缶詰1個とビールを5本

2　果物を1個とビールを10本

3　果物の缶詰1個とビールを10本

4　果物を1個とビールを5本

4番

1　田中さんを呼んで来て電話に出す

2　会議中の田中さんに伝言のメモを渡す

3　田中さんの机に伝言のメモを置いておく

4　田中さんを呼んで来て電話をかけさせる

5番

1　推薦状を事務室へ持って行く

2　推薦状を封筒に入れる

3　事務室へ行って判子を押してもらう

4　事務室へ行って推薦状を受け取る

問題2

　問題2では、まず、質問を聞いてください。そのあと、問題用紙の選択枝を読んでください。読む時間があります。それから、話を聞いて、問題用紙の1から4の中から、正しい答えを一つ選んでください。

1番

1　幼稚園の弁当の日だから

2　奥さんが作ってくれたから

3　外で食べるより健康にいいから

4　子どもが作ってくれたから

2番

1　店員がすぐに来ないこと

2　女の人が電話をしなかったこと

3　電車が遅れていたこと

4　コーヒーが冷めてしまったこと

3番

1　先生にしかられて自信をなくしてしまったから

2　先生の目を見てはいけないと思っているから

3　レポートの提出が遅くなってしまったから

4　今まで先生に悪いことをしたと思っているから

4番

1　雨で、暑い

2　雨で、涼しい

3　曇りで、暑い

4　晴れて、暑い

5番

1　洗剤が溶けにくくなるから

2　洗濯機にかびがはえるから

3　服がいたみやすくなるから

4　服に汚れがたまるから

6番

1　校舎のそばの自転車置き場

2　門の外の自転車置き場

3　運動場のすみの自転車置き場

4　門の中の自転車置き場

問題３

問題３では、問題用紙に何も印刷されていません。まず、話を聞いてください。それから質問と選択枝を聞いて、１から４の中から、正しい答えを一つ選んでください。

― メモ ―

問題4

　問題4では、問題用紙に何も印刷されていません。まず、文を聞いてください。それから、それに対する返事を聞いて、1から3の中から、正しい答えを一つ選んでください。

― メモ ―

問題5

<ruby>問題<rt>もんだい</rt></ruby>５では<ruby>長<rt>なが</rt></ruby>めの<ruby>話<rt>はなし</rt></ruby>を<ruby>聞<rt>き</rt></ruby>きます。

1番

まず、<ruby>話<rt>はなし</rt></ruby>を<ruby>聞<rt>き</rt></ruby>いてください。それから、<ruby>二<rt>ふた</rt></ruby>つの<ruby>質問<rt>しつもん</rt></ruby>を<ruby>聞<rt>き</rt></ruby>いて、それぞれ<ruby>問題用紙<rt>もんだいようし</rt></ruby>の１から４の<ruby>中<rt>なか</rt></ruby>から、<ruby>正<rt>ただ</rt></ruby>しい<ruby>答<rt>こた</rt></ruby>えを<ruby>一<rt>ひと</rt></ruby>つ<ruby>選<rt>えら</rt></ruby>んでください。

質問1

1　赤い箱と青い箱

2　赤い箱だけ

3　青い箱だけ

4　赤い箱と青い箱と黄色い箱

質問2

1　赤い箱と青い箱

2　赤い箱だけ

3　青い箱だけ

4　赤い箱と青い箱と黄色い箱

２番

問題用紙には何も印刷されていません。まず、話を聞いてください。それから、質問と選択枝を聞いて、１から４の中から、正しい答えを一つ選んでください。

― メモ ―

3番

　問題用紙には何も印刷されていません。まず、話を聞いてください。それから、質問と選択枝を聞いて、1から4の中から、正しい答えを一つ選んでください。

— メモ —

第 2 回　実戦模擬テスト

Ｎ２　言語知識 (文字・語彙、文法)、読解　解答用紙

受　験　番　号　　　　　　　　　　名　前

< ちゅうい >

1. くろいえんぴつ（ＨＢ）でかいてください。

2. かきなおすときは、けしゴムできれいにけしてください。

3. きたなくしたり、おったりしないでください。

4. マークれい

① ● ③ ④

問　題　1				
1	①	②	③	④
2	①	②	③	④
3	①	②	③	④
4	①	②	③	④
5	①	②	③	④

問　題　2				
6	①	②	③	④
7	①	②	③	④
8	①	②	③	④
9	①	②	③	④
10	①	②	③	④

問　題　3				
11	①	②	③	④
12	①	②	③	④
13	①	②	③	④
14	①	②	③	④
15	①	②	③	④

問　題　4				
16	①	②	③	④
17	①	②	③	④
18	①	②	③	④
19	①	②	③	④
20	①	②	③	④
21	①	②	③	④
22	①	②	③	④

問　題　5				
23	①	②	③	④
24	①	②	③	④
25	①	②	③	④
26	①	②	③	④
27	①	②	③	④

問　題　6				
28	①	②	③	④
29	①	②	③	④
30	①	②	③	④
31	①	②	③	④
32	①	②	③	④

問　題　7				
33	①	②	③	④
34	①	②	③	④
35	①	②	③	④
36	①	②	③	④
37	①	②	③	④
38	①	②	③	④
39	①	②	③	④
40	①	②	③	④
41	①	②	③	④
42	①	②	③	④
43	①	②	③	④
44	①	②	③	④

問　題　8				
45	①	②	③	④
46	①	②	③	④
47	①	②	③	④
48	①	②	③	④
49	①	②	③	④

第２回　실전모의테스트

Ｎ２　言語知識（文字・語彙、文法）、読解　解答用紙

受験番号	

名　前	

〈　ちゅうい　〉

1. くろいえんぴつ（ＨＢ）でかいてください。

2. かきなおすときは、けしゴムできれいにけしてください。

3. きたなくしたり、おったりしないでください。

4. マークれい

①　●　③　④

問　題　9

50	①	②	③	④
51	①	②	③	④
52	①	②	③	④
53	①	②	③	④
54	①	②	③	④

問　題　10

55	①	②	③	④
56	①	②	③	④
57	①	②	③	④
58	①	②	③	④
59	①	②	③	④

問　題　11

60	①	②	③	④
61	①	②	③	④
62	①	②	③	④
63	①	②	③	④
64	①	②	③	④
65	①	②	③	④
66	①	②	③	④
67	①	②	③	④
68	①	②	③	④

問　題　12

69	①	②	③	④
70	①	②	③	④

問　題　13

71	①	②	③	④
72	①	②	③	④
73	①	②	③	④

問　題　14

74	①	②	③	④
75	①	②	③	④

第2回　실전모의테스트

N2　聴解　解答用紙

受 験 番 号		名　前	

〈　ちゅうい　〉

1. くろいえんぴつ（HB）でかいてください。

2. かきなおすときは、けしゴムできれいにけしてください。

3. きたなくしたり、おったりしないでください。

4. マークれい

問　題　1

	①	②	③	④
1	①	②	③	④
2	①	②	③	④
3	①	②	③	④
4	①	②	③	④
5	①	②	③	④

問　題　2

	①	②	③	④
1	①	②	③	④
2	①	②	③	④
3	①	②	③	④
4	①	②	③	④
5	①	②	③	④
6	①	②	③	④

問　題　3

	①	②	③	④
1	①	②	③	④
2	①	②	③	④
3	①	②	③	④
4	①	②	③	④
5	①	②	③	④

問　題　4

	①	②	③
1	①	②	③
2	①	②	③
3	①	②	③
4	①	②	③
5	①	②	③
6	①	②	③
7	①	②	③
8	①	②	③
9	①	②	③
10	①	②	③
11	①	②	③
12	①	②	③

問　題　5

		①	②	③	④
1	(1)	①	②	③	④
	(2)	①	②	③	④
2		①	②	③	④
3		①	②	③	④

新일본어 능력시험

U-CAN 실전모의테스트 N2

초판인쇄_ 2010년 6월 5일

초판발행_ 2010년 6월 10일

저자_ ユーキャン 日本語能力試験研究会

책임편집_ 이주영 · 中原 美菜子

표지디자인_ 신영미

펴낸이_ 엄호열

펴낸곳_ (주)시사일본어사

등록일자_ 1977년 12월 24일

등록번호_ 제300-1977-31호

주소_ 서울 종로구 원남동 13번지

전화_ 1588-1582(교재구입문의) / 02)3671-0572(교재내용문의)

팩스_ 02)3671-0500

홈페이지_ book.japansisa.com

이메일_ tltk@chol.com

ISBN 978-89-402-9029-3 18730

(set)978-89-402-9027-9 18730

U-CAN 일본어능력시험연구회 펴냄

新일본어능력시험 분석 및 대책
실전모의테스트 해답·해설

일본어 으뜸
(주)시사일본어사
book.japansisa.com

はじめに 머리말

　일본어능력시험은 독립행정법인 국제교류기금과 재단법인 일본국제교육지원협회가 주최하는 일본어를 모국어로 하지 않는 사람들의 일본어능력을 측정하고 인정하는 시험입니다.

　이 시험은, 2010년 7월부터 새로운 '일본어능력시험'(이하, 신 시험)으로 바뀝니다. 신 시험의 목적은 지금까지의 시험과 마찬가지로 일본어를 배우거나 사용하고 있는 폭넓은 층의 사람들의 일본어능력을 측정하고 인정하는 데에 있습니다.

　그러나 새로운 시험에서는 어디가, 어떤 식으로 바뀌는지, 어떠한 형식으로 출제되는지 등에 대해 수험생 분들께서도 불안해하시지 않을까 생각됩니다.

　이에, 주최단체에 의해 공표된『새로운 '일본어능력시험' 가이드 북』과『새로운 '일본어능력시험' 가이드 북－개요판과 문제예집』을 바탕으로 신 시험의 출제내용을 분석하여, 이 책을 만들게 되었습니다.

이 책의 point

● '새로운 형식 문제의 포인트'

　　신형식 문제를 분석!

● 예상모의시험 2회분 수록

　　신 시험에 완전 대응!　본 시험과 같은 형식이기 때문에 학습 총정리에 최적의 교재입니다.

● 자세한 해설

　　2가지 색으로 알기 쉽게 해설!　중요항목을 금방 알 수 있도록 해 놓았습니다.

　　「まとめて覚えよう(함께 기억해 두자)」에서 정리!

　이 책이, 새로운 '일본어능력시험' 합격에 도움이 되길 기원합니다.

2010년5월

유캔 일본어능력시험 연구회

目次 목차

제1회 실전모의테스트 해답 · 해설

제2회 실전모의테스트 해답 · 해설

이 책의 사용법

이 책은 ① '새로운 형식 문제의 포인트'에서 경향과 대책을 파악하고 ②본 시험과 똑같은 형식의 예상모의시험을, 본 시험과 똑같은 시간에 풀고 ③상세한 해설을 읽고 복습하는 식으로 사용해 주십시오. 해설 사용법은 다음과 같습니다.

정답문

정답문

「文の文法2」「文章の文法」에서는 순서를 바꾼 다음의 문장과 공란을 채운 문장을 나타냅니다. 정답 부분은 검은색 굵은 글씨로 되어 있습니다.

열쇠 마크

문제를 풀기 위한 열쇠가 되는 부분을 나타냅니다. 열쇠가 되는 부분은, 검은색 굵은 글씨, 중요한 표현은 파란색 굵은 글씨로 되어 있습니다. 청해에서는 스크립트에 이 마크를 붙인 후, 못 들으면 문제를 풀 수 없게 되는 부분에 파란색 물결선을 쳐 놓았습니다.

연필 마크

まとめて覚えよう

문제의 해설과 관련해서 기억해 두어야 할 표현을 정리해 놓았습니다. 중요한 표현은 파란색 굵은 글씨로 되어 있습니다.

まとめて覚えよう

X [명사] がY [동사사전형/동사た형/ている형] ところを見る(X가 Y하고 있는 장면을 보다)는 X [명사] がY [동사사전형/동사た형/ている형] のを見る에 비해, 목격하는 (그 자리에 있으면서 실제로 눈으로 본다)는 의미가 강해진다.

---

47 正答1

정답문　同じ内容でも言い方 2次第で 4相手を **1怒らせてしまう** 3ことが ある。

같은 내용이라도 말투 2에 따라서 4 상대방을 1 화나게 하는 3 경우가 있다.

X [명사] 次第だ／で(X에 따라서)는 'X에 의해서 상황이나 사태가 바뀐다'고 할 때 쓴다.

例　成功するかしないかは、あなた次第だ。 성공 하느냐 마느냐는 당신에게 달려 있다

8 正答4

정답문　値段は安いほうがいいが、 3安ければ 1いい **4というもの** 2でもない。

가격은 싼 편이 좋지만 3 싸면 1 좋다 4 고 하는 것 2 도 아니다.

X [보통체] というものではない／というものでもない(X라고 하는 것은 아니다)는 'X라는 생각이 100퍼센트 옳은 것은 아니다' 는 의미를 나타낸다.

（…）우선 질문을 들으세요. 그 후 （…）를 듣고 문제지 1에서 4중에서 올바른 답을 하나 고르시오.

1番 CD B-01

研修会で若い社員が名詞の渡し方を練習しています。相手の名詞を最後にどのように持てばいいですか。

F：はい、じゃあ、今度は2人で向き合ってお互いに名刺を渡してみましょう。名刺は、名前を相手の方へ向けて、両手で差し出すんでしたね。でも、2人が同時に渡すときは？　はい。2人とも片手で自分の名刺を出していたら、受け取れないでしょう？　このときは、片手でいいんで、片手で自分の名刺を出しながら、片手で相手の名刺を受け取るんですよ。そうすると、できますよね。それで、①受け取ったら、改めて相手の名刺

まとめて覚えよう

●改めては 다시 한번 새롭게 무엇을 한다는 의미이다.

例　改めて最初から説明し直した。

다시 처음부터 설명했다.

CD마크

제 1회 청해문제는 A의 CD, 제 2회 청해문제는 B의 CD를 들어주세요.

예 마크

예나 예문을 나타냅니다.

이 책에서 사용되는 문법용어의 설명

해설을 볼 때 참고 하세요.

<동사>

2그룹동사 : 例　食べる

1그룹동사 : 例　行く

동사사전형 : 例　食べる、行く

동사て형 : 例　食べて、行って

동사ます형 (「ます」에 접속하는 형식) :
　例　食べ、行き

동사ない형 (「ない」에 접속하는 형식) :
　例　食べ、行か

동사ている형 :
　例　食べている、行っている

동사た형 : 例　食べた、行った

동사ば형 : 例　食べれば、行けば

동사의지형 : 例　食べよう、行こう

동사가능형 : 例　食べられる、行ける

<명사>

명사 : 例　学生

<い형용사>

い형용사사전형 : 例　寒い

い형용사ない형 (「ない」에 접속하는 형식) :
　例　寒く

い형용사て형 : 例　寒くて

い형용사た형 : 例　寒かった

<な형용사>

な형용사사전형 : 例　元気だ

な형용사ない형 (「ない」에 접속하는 형식) :
　例　元気じゃ、元気では

な형용사て형 : 例　元気で

な형용사た형 : 例　元気だった

な형용사어간 : 例　元気

な형용사な : 例　元気な

<보통체>

보통체 (보통체인 문장의 문말 형식) :
例

(동사) 食べる、食べない、食べた、食べなかった、食べている、食べていない、食べていた、食べていなかった

(명사) 学生だ、学生じゃ／ではない、学生だった、学生じゃ／ではなかった、学生である、学生であった

(い형용사) 寒い、寒くない、寒かった、寒くなかった

(な형용사) 元気だ、元気じゃ／ではない、元気だった、元気じゃ／ではなかった、元気である、元気であった

신 '일본어능력시험'에 대해

1 '일본어능력시험'이 새롭게 바뀌는 이유

『새로운 '일본어능력시험' 가이드 북』(이하, 가이드 북)에 의하면, 지금까지의 일본어능력시험(이하, 구 시험)은, 최근 대학에서 일본어를 학습하는 학생 이외에, 업무상 일본어를 필요로 하는 사회인, 일본에서 생활하기 위해 일본어를 필요로 하는 사람, 학교 교육의 일환으로 일본어를 학습하고 있는 고등학생과 중학생 등, 다양한 사람들이 시험을 보게 되었습니다. 수험의 목적도 일본어 실력 측정 외에 취업, 승급·승진을 위한 것 등으로 변화하고 있습니다.이러한 수험자층의 확대와 수험 목적의 변화에 대응하기 위해, 구 시험은 2010년 7월부터 새로운 '일본어능력시험' (이하, 신 시험)으로 바뀝니다.

2 새로워지는 점

(1) 언어 커뮤니케이션 능력을 측정한다.

구 시험과 마찬가지로 일본어에 관한 지식도 측정합니다. 이에 더해, 일본어를 문자나 음성으로 이해하고 '과제'를 수행하기 위한 커뮤니케이션 능력이 중시됩니다. 일본 사회나 일상 생활 속에서 자신이 무언가를 하고 싶거나, 해야만 하는 경우에, 그것을 위해 일본어를 읽거나 듣거나 하는 능력이 있는지 없는지가 측정됩니다.

(2) 레벨과 인정 기준

구 시험	신 시험	레벨	인정 기준
1급	N1	구 시험의 1급보다 약간 높은 레벨	폭넓은 장면에서 사용되는 일본어를 이해할 수 있다
2급	N2	구 시험의 2급과 거의 같은 레벨	일상적인 장면에서 사용되는 일본어 이해에 더해, 더욱 폭넓은 장면에서 사용되는 일본어를 어느 정도 이해할 수 있다
—	N3 신설	구 시험의 2급과 3급 사이 레벨	일상적인 장면에서 사용되는 일본어를 어느 정도 이해할 수 있다
3급	N4	구 시험의 3급과 거의 같은 레벨	기본적인 일본어를 이해할 수 있다
4급	N5	구 시험의 4급과 거의 같은 레벨	기본적인 일본어를 어느 정도 이해할 수 있다

구체적인 N2의 인정 기준은, 가이드 북에 의하면 다음과 같습니다.

【읽기】	폭넓은 주제에 대해 쓰여진 신문이나 잡지의 기사·해설, 평이한 평론 등, 논지가 명쾌한 글을 읽고 글의 내용을 이해할 수 있다. 일반적인 주제에 관한 글을 읽고, 이야기의 흐름이나 표현의도를 이해할 수 있다.
【듣기】	일상적인 장면뿐만 아니라, 폭 넓은 장면에서, 자연스러운 속도와 거의 비슷한, 정리가 된 대화나 뉴스를 듣고, 이야기의 흐름이나 내용, 등장인물의 관계를 이해하거나 요지를 파악할 수 있다.

(3) 시험과목 · 시험시간 · 득점

레벨	시험 과목	시험 시간*1	득점 구분	득점 범위*2
N1	言語知識（文字・語彙、文法）、読解 언어지식(문자·어휘, 문법), 독해	110分	言語知識（文字・語彙、文法) 언어지식(문자·어휘, 문법)	0〜60点
			読解 독해	0〜60点
	聴解 청해	60分	聴解 청해	0〜60点
N2	言語知識（文字・語彙、文法）、読解 언어지식(문자·어휘 문법), 독해	105分	言語知識（文字・語彙、文法) 언어지식(문자·어휘, 문법)	0〜60点
			読解 독해	0〜60点
	聴解 청해	50分	聴解 청해	0〜60点
N3	言語知識（文字・語彙） 언어지식(문자·어휘)	30分	言語知識（文字・語彙、文法) 언어지식(문자·어휘, 문법)	0〜60点
	言語知識（文法）、読解 언어지식(문법), 독해	70分	読解 독해	0〜60点
	聴解 청해	40分	聴解 청해	0〜60点
N4	言語知識（文字・語彙） 언어지식(문자·어휘)	30分	言語知識（文字・語彙、文法）、読解 언어지식(문자·어휘 문법), 독해	0〜120点
	言語知識（文法）、読解 언어지식(문법), 독해	60分		
	聴解 청해	35分	聴解	0〜60点
N5	言語知識（文字・語彙） 언어지식(문자·어휘)	25分	言語知識（文字・語彙、文法）、読解 언어지식(문자·어휘 문법), 독해	0〜120点
	言語知識（文法）、読解	50分		
	聴解 청해	30分	聴解 청해	0〜60点

*1 시험시간은 변경되는 경우가 있습니다.　*2 득점 총합은 N1~N5 모두 0~180점입니다.

새로운 '일본어능력시험'(이하, 신 시험)에서는 지금까지의 '일본어능력시험'(이하, 구 시험)과는 문제 형식이 바뀐 문제가 출제됩니다.

이에, 신 시험에 있어서의 문제 형식 변화 포인트와 대책에 대해서 설명하도록 하겠습니다.

I　文字・語彙 문자·어휘

1 큰 문제의 구성

N2의 문자·어휘 문제는 크게 다음의 6가지로 나누어져 있습니다.

큰 문제		소문항수	문제형식의 변화
한자 읽기	문제1	5문항	구 시험의 문제형식을 따르고 있지만 부분적으로 변경된다
표기	문제2	5문항	구 시험의 문제형식을 따르고 있지만 부분적으로 변경된다
어형성	문제3	5문항	구 시험의 문제형식을 따르고 있지만 부분적으로 변경된다
문맥규정	문제4	7문항	구 시험의 문제형식을 따르고 있다
유의어로 바꾸기	문제5	5문항	구 시험의 문제형식을 따르고 있다
용법	문제6	5문항	구 시험의 문제형식을 따르고 있다

'한자읽기'와 '표기'는, 구 시험에서는 한 문제에서 여러 개의 한자 읽기를 물었지만, 신 시험에서는 한 문제에 하나를 묻는다는 변경이 있을 뿐이다. '어형식'에서는 문제로서의 위치부여를 명확히 했을 뿐, 형식 면에서의 변화는 없습니다.

2 큰 문제의 목적

	목적
한자 읽기	한자로 쓰여진 말의 읽는 법을 묻는다
표기	히라가나로 쓰여진 말이, 한자로 어떻게 쓰는지를 묻는다
어형성	파생어나 복합어의 지식을 묻는다
문맥규정	문맥에 따라 의미상으로 규정되는 말이 무엇인지를 묻는다
유의어로 바꾸기	출제되는 말이나 표현과 의미상에 가까운 말이나 표현을 묻는다
용법	출제어가 문장 안에서 어떻게 사용되는지를 묻는다

Ⅱ 文法 문법

1 큰 문제의 구성

N2의 문법 문제는 크게 다음의 3가지로 나누어져 있습니다.

큰 문제		소문항수	문제형식의 변화
문장의 문법1 (문법 형식의 판단)	문제7	12문항	구 시험의 문제 형식을 따르고 있다
문장의 문법2 (문장 만들기)	문제8	5문항	구 시험에서는 출제되지 않았던 새로운 형식의 문제형식
글 속의 문법	문제9	5문항	출제어가 문장 안에서 어떻게 사용되는지를 묻는다

2 큰 문제의 목적

	목적
문장의 문법1 (문법 형식의 판단)	문장의 내용에 맞는 문법형식인지 아닌지를 판단할 수 있는지를 묻는다
문장의 문법2 (문장 만들기)	통어적으로 올바른 동시에 의미가 통하는 문장을 만들 수 있는지를 묻는다
글 속의 문법	글의 흐름에 맞는 문장인지 아닌지를 판단할 수 있는지를 묻는다

위의 표 중 '문장의 문법2'의 '통어적으로 옳다'라는 것은 '문법적으로 옳다'는 의미입니다.

3 새로운 문제형식의 큰 문제 내용

(1) 문장의 문법2(문장 만들기)

의미가 통하는 문장을 만들기 위해서는 말과 말을 연결하는 룰에 대한 지식, 다시 말해서 문법 지식이 필요합니다. '문의 문법2(문장 만들기)'에서는, 문법 지식을 이용해서, 올바른 문장을 만들 수 있는지를 묻습니다. 문제의 형식은 단어를 나열해서 올바른 문장으로 만드는 형식인데, 이것은 구 시험에서는 출제되지 않았던 새로운 문제형식입니다.

시험에서는 우선, 다음과 같은 문제문과 문제예가 제시됩니다.

問題8　次の文の___★___に入る最もよいものを、1・2・3・4から一つ選びなさい。

（問題例）

　きのう________　________　___★___　________　はとてもおいしかった。

　　1　母　　　　　　2　買ってきた　　3　が　　　　　4　ケーキ

（解答の仕方）

1．正しい文はこうです。

きのう________　________　___★___　________　はとてもおいしかった。
　　1　母　　　3　が　　　2　買ってきた　4　ケーキ

2．___★___に入る番号を解答用紙にマークします。

　　　　　（解答用紙）　（例）　①　●　③　④

문제예의 제시 후에, 다음과 같은 문제예와 같은 문제가 5문제 출제됩니다.

　1　日本人の一家が　________　________　___★___　________　興味を持つ
ようになった。
　　1　きっかけに　　2　隣に　　3　日本文化に　　4　引っ越してきたのを　　正答1

(2) 글 속의 문법

　내용적으로 정리가 된 글을 쓸 때에는 단순히 문장을 나열해 가는 것만으로는 부족하며, 접속사나 지시사(これ, それ, この〜, その〜등의 표현)를 적절하게 사용하거나, 전후에 문맥과의 연결관계를 생각해서 표현을 선택해야 합니다. '글 속의 문법'에서는 전체흐름에 맞는 글이 되기 위해서는 어떠한 표현을 사용하면 좋은지를 묻습니다만, 이는 구 시험에서는 출제되지 않았던 새로운 문제형식입니다.
　시험에서는 다음과 같이 출제됩니다.

問題9　次の文章を読んで、 1 から 5 の中に入る最もよいものを、１・２・３・４から一つ選びなさい。

　東京に住んでいる人の中には、東京の言葉と、自分が生まれ育った別の地方の方言とを、場面によって使い分けている人が結構 1 。

　私自身、自分の家では出身地である関西の方言を使い、職場では東京の言葉を使っている。 2 、職場で関西の方言を使ってはいけないという決まりなどない。しかし、お客さんを相手にする仕事をしているので、お客さんの言葉に合わせようと思って、職場では東京の言葉でしゃべろうと決めている。東京に来た当初は関西風のアクセントが抜けず、関西出身であることがすぐに周りの人にわかってしまっていたが、東京生活も10年を超えた今は、すっかり東京の言葉に慣れ、ごく自然に東京の言葉が話せるようになった。

　 3 、ある日、お客さんに突然、「関西の方でしょう。話し方でわかりますよ」と言われた。自分では東京の言葉で話しているつもりだったので、少しびっくりして「え、私、関西方言でしゃべりましたか」と聞き返した。すると、そのお客さんは、「今、散髪屋と言ったでしょう。関東では床屋って言う人が多いんですよ」と教えて 4 。「散髪屋」は国語辞典にものっている言葉なので、日本全国どこででも使うと思っていたが、関東では「床屋」、関西では「散髪屋」という使い分けがあるらしい。一種の方言ということになる。

　調べてみると、多くの人が方言と気づかずに使っている方言は意外に多いようだ。たとえば、食事の後、「ごちそうさま」ではなく「いただきました」と言う地方もあるという。食事の前に「いただきます」と言うのだから、食事の後に「いただきました」と言うのは、考えてみればとても合理的で、その地方の人はそれが方言だとは気がつきにくいだろう。

　方言はアクセントや活用だけの問題だと 5 。しかし、このように気づかずに使っている方言があるとは、方言もなかなか奥が深いものだ。

1 　1　いるだろうか　　　　　　　　2　いないだろう
　　3　いるのではないだろうか　　　4　いないのではないだろうか　　　正答3

2 　1　ぜひ　　　　2　もちろん　　　3　さらに　　　4　せっかく　　　正答2

3	1 あるいは	2 たとえば	3 したがって	4 ところが	正答4
4	1 くれた	2 あげた	3 やった	4 もらった	正答1
5	1 思った	2 思っている	3 思っていた	4 思う	正答3

이와 같이 '글 속의 문법'에서는 하나의 문장만으로 어떤 표현을 사용할지를 생각하는 것이 아니라, 정리된 글 속에서 어느 표현이 적절한지를 선택하게 됩니다.

4 새로운 문제 형식의 큰 문제 대책

(1) 어떤 문형이 쓰일지, 재빠르게 판단한다

'문장의 문법2(문장 만들기)'는, 주어진 4개의 말을 나열해서 문장을 만드는 문제입니다. 이 문제를 풀기 위해서는 4개의 단어를 보고, 어떤 문형이 사용될지를 재빠르게 판단할 필요가 있습니다. 시험을 위한 준비로서는 문형을 확실하게 익혀서 바로 생각해낼 수 있게 하는 일, 더욱이 익힌 문형을 사용해서 문장을 만들 수 있도록 해 두는 것이 중요합니다.

(2) 문맥 속에서 생각한다

'글 속의 문법'은, 하나의 문장 안에서만 생각해서는 선택지 중 어느 것이 적당한지를 고를 수가 없습니다. 다시 말해, 하나의 문장 안에서 만이 아니라 전후에 연결관계를 생각해서 표현을 선택하지 않으면 안됩니다. 접속사 등의 문장과 문장을 잇는 표현을 익힐 뿐만 아니라, 어느 정도 길이가 있는, 어느 정도 양이 있는 글 속에서의 사용법을 확인해 둡시다.

5 N2 문법의 새로운 경향

(1) 문장을 구성하기 위한 지식을 측정하게 되었다

지금까지의 문법 문제는 어떤 표현이 적절한지를 판단하기만 하면 됐었습니다. 신 시험에서는 '문장의 문법2(문장 만들기)'라는 항목이 추가되있습니다만, 이것은 문장을 만들어 내는 능력을 측정하는 것입니다.

(2) 글에 정리된 느낌을 주기 위한 지식을 측정하게 되었다

문법이라고 하면, 하나의 문장을 맞게 구성하기 위한 규칙을 말하는 것이라고 생각하기 쉽습니다만, 신 시험에서는 문장과 문장을 연결해서 정리된 글로 만들기 위한 규칙을 '글 속의 문법'이라는 위치를 부여하여, 그 지식에 대해 묻게 되었습니다.

1 큰 문제의 구성

N2의 독해 문제는 다음의 5개로 크게 나눌 수가 있습니다.

큰 문제		소문항수	문제형식의 변화
내용이해 (단문)	문제10	5문항	구 시험의 문제형식을 따르고 있다
내용이해 (중문)	문제11	9문항	구 시험의 문제형식을 따르고 있다
통합이해	문제12	2문항	구 시험에서는 출제되지 않았던 새로운 문제형식
주장이해 (장문)	문제13	3문항	구 시험의 문제형식을 따르고 있지만, 부분 변경이 있다
정보검색	문제14	2문항	구 시험에서는 출제되지 않았던 새로운 문제형식

'주장이해(장문)'에서는 문제로서의 위치 부여를 명확하게 했을 뿐, 형식 면의 변화는 없습니다.

2 큰 문제의 목적

	목적
내용이해(단문)	생활·업무 등 다양한 주제도 포함하여, 설명문이나 지시문 등 200자 정도되는 텍스트를 읽고 내용을 이해할 수 있는지를 묻는다
내용이해(중문)	비교적 평이한 내용의 논평, 해설, 수필 등 500자 정도되는 텍스트를 읽고 인과관계니 이유, 개요나 필자의 생각 등을 이해할 수 있는지를 묻는다
통합이해	비교적 평이한 내용의 복수의 텍스트(합계 600자 정도)를 비교하며 읽고, 비교·통합하면서 이해할 수 있는지를 묻는다
주장이해(장문)	논리전개가 비교적 명쾌한 논평 등, 900자 정도의 텍스트를 읽고 전체적으로 전달하려고 하는 주장이나 의견을 파악할 수 있는지를 묻는다
정보검색	광고, 팜플렛, 정보지, 비즈니스 문서 등의 정보소재(700자 정도)중에서 필요한 정보를 찾아낼 수 있는지를 묻는다

* '텍스트'란 문장을 말합니다.

3 새로운 문제형식의 큰 문제의 내용

(1) 통합이해

　짧은 글을 몇 개 읽고, 의견을 비교하거나, 정보를 정리하거나 하는 능력을 묻습니다. 형식 면에서는 구 시험에서는 출제되지 않았던 새로운 문제형식입니다.

問題12　次の文章は、「相談者」からの相談と、それに対するＡとＢからの回答である。三つの文章を読んで、後の問いに対する答えとして、最もよいものを1・2・3・4から一つ選びなさい。

相談者：

　最近、薬やお茶になる植物に熱中しています。庭に小さい畑を作っていろいろな植物を植えました。でも、この季節、雑草が多くて大変です。中でも、地面にべたっと広がる、葉っぱの肉が厚くて軸が赤い雑草が、抜いても抜いても生えてきて困っています。ところが、先日、通りかかったおばあさんが、昔はこれを食べたと話しているのを聞きました。私は、最近流行の外国の薬草だけではなく、日本の昔ながらの薬草もいろいろと育てて楽しみたいと思っていますが、もしかしたら、<u>これも薬草の一種なんでしょうか</u>。

回答者：Ａ

　たぶん、それはスベリヒユという草です。黄色い小さい花が咲きませんか。スベリヒユなら、山形県では「ひょう」と呼んで食べます。ゆでたり、いためたり、てんぷらにしてもけっこうおいしいです。イタリアでも食べるって聞いたことがありますよ。せっかく生えてるんですから、どんどん食べちゃいましょう。でも、わざわざ大事に育てる必要はないですよ。だって、やっぱりあれって雑草ですから、ふえすぎるとまずいでしょう。

回答者：Ｂ

　お話から判断すると、スベリヒユだと思います。ヨーロッパでは薬草というより野菜です。日本でも古代の記録に食用にしたとあります。生でもいいですが、乾燥させると栄養も味もよくなります。ぼくはさっとゆでてお酢で味をつけて食べますが、なかなかです。葉っぱを絞った汁が傷に効くようですが、ぼくはためしたことがありません。ポーチュラカという花を園芸店で売ってるでしょう。あれはこれを園芸用に改良したものです。

이어서 이 글에 대해 다음과 같은 소문항이 2개 나옵니다.

1　AとBは相談者の<u>これも薬草の一種なんでしょうか</u>という質問に答えているか。

1　AもBも答えている。

2　AもBもまったく答えていない。

3　Aは答えているが、Bは答えていない。

4　Aは答えておらず、Bは答えている。　　　正答4

2　AとBの回答から、この草はどんな草だとわかるか。

1　ヨーロッパでは食用だが、日本では園芸用で、まずい。

2　ヨーロッパでは園芸用だが、日本では食用で、おいしい。

3　食べることができて、味がよい。

4　食べることができるが、味は悪い。　　　正答3

이렇게 몇 개의 글에서 얻어진 정보를 조합해서 주제를 이해하거나, 글과 글을 비교해서 무엇이 같고 무엇이 다른가를 찾아낼 것을 요구하는 것이 '통합이해' 문제이다.

(2) 정보검색

일반적 글이 아니라, 표나 항목별로 쓰기가 포함되어 있는 것으로부터 필요한 정보를 찾아내는 능력을 묻습니다. 형식 면에서는 구 시험에서는 출제되지 않았던 새로운 문제형식입니다.

問題14　次はある学校の学生相談室の案内である。下の問いに対する答えとして、最もよいものを１・２・３・４から一つ選びなさい。

__1__　水曜日、学校にいる間に急に気分が悪くなった学生はどうすれば一番いいか。

1　保健室で保健師に診てもらう。

2　電話で医師の予約をする。

3　相談室でカウンセラーに会う。

4　電話で相談員に相談する。　　　　　　　　　　　　　　　正答 1

__2__　やる気が出なくて勉強ができずに困っている学生が相談の内容を最初に話す人は誰か。

1　相談員

2　カウンセラー

3　医師

4　教務課職員　　　　　　　　　　　　　　　　　　　　　　正答 1

だれかに話を聞いてもらいたい…。
そんなときは
学生相談室へ

●学生相談室はどんなところ？

　　困っていること、悩んでいること、どんな小さなことでも相談できるところです。

　　たとえばこんなことはありませんか？

　　　　　・学校関係のこと

　　　　　　　授業がよくわからない。レポートがうまく書けない。

　　　　　　　卒業できるかどうか心配だ。学費が払えないかもしれない。

　　　　　・人間関係のこと

　　　　　　　友だちができない。恋人のことで悩んでる。家族に問題がある。

　　　　　・健康のこと

　　　　　　　最近よく眠れない。食欲がない。

| 急病の場合は |
| まっすぐ保健室へ！ |

　　　　　・そのほか

　　　　　　　なんとなく話をしたい。なんだか毎日つまらない。

●どんな人と話をするの？

　　あなたの相談を聞く相手は、それぞれの分野の専門家です。

　　あなたを待っているのはこんな人たちです。

保健師	保健室の先生です。健康のことならまずこの人に。この相談は保健室に直接行ってもいいです。
カウンセラー	心理学の専門家で、心のお医者さんです。（月・水・金）
医師	内科のお医者さんです。（火・木）
教務課職員	勉強に関する問題について解決策を考えます。学費免除や奨学金などをアドバイスします。

●いつ行けばいいの？

　　学生相談室は、月曜日から金曜日、朝10時から夕方5時までです。

　　思い立ったらいつでもすぐ！

　　まず相談員があなたの話したい内容を聞き、誰に会えばいいか判断します。

　　予約もできます。電話：03-9999-9999

이와 같이, 표나 항목별 쓰기 등의 정보원으로부터, 소문항에서 묻고 있는 내용에 답하기 위해 필요한 정보를 찾아내는 것이 '정보 검색'문제입니다.

4 새로운 문제형식의 큰 문제 대책

(1) 정보를 찾아내는 능력이 필요

'통합이해'와 '정보검색' 모두, 정보원에는 소문항에서 묻는 내용과는 관계가 없는 정보가 쓰여져 있습니다. 하나 하나의 글씨나 단어를 꼼꼼하게 읽는 것이 아니라, 대략적으로 살펴본 후, 어느 것이 필요하고 어느 것이 필요 없는지를 재빠르게 판단하는 것이 중요합니다. 평소부터 시간을 재면서 재빠르게 읽는 스피드 리딩(속독)연습을 해 둡시다.

(2) 복수의 정보를 조합해서 생각하는 능력이 필요

소문항에서 묻는 내용에 관계가 있는 정보를 찾았으면, 그 다음으로는 그 정보를 조합해서 목적에 맞는 답을 내는 것이 요구됩니다. 특히 '정보 검색' 문제에서는, 소문항에서 묻고 있는 조건을 잘 생각한 후, 그에 맞는 답을 선택하도록 합시다.

5 N2 독해의 새로운 경향

(1) 읽어야 할 글의 양이 많아졌다

신 시험에서는, 지금까지와는 달리, 언어지식(문자·어휘, 문법)과 독해 시험이 같은 시간 중에 치러집니다. 그리고 문자·어휘, 문법 문제는 전체 소문항 수가 줄어든 반면, 독해 문제는 이전 보다 읽어야 하는 글의 수가 많아집니다. 독해의 비율이 지금까지보다 높아집니다.

(2) 읽는 법의 전환이 필요해졌다

구 시험에서는 꼼꼼하고 상세하게 읽는 것만으로 대응할 수 있었습니다만, 신 시험에서는 재빠르게 전체를 읽는 것도 필요합니다. 하지만, 꼼꼼하게 읽는 능력이 더는 필요 없는 것은 아닙니다. 문제의 종류, 묻고 있는 문제에 맞춰서 독해 방법을 전환할 필요가 있습니다.

Ⅳ	聴解 청해

ちょうかい

1 큰 문제의 구성

N2의 청해 문제는 다음의 5개로 크게 나눌 수 있습니다.

큰 문제		소문항수	문제형식의 변화
과제이해	문제1	5문항	구 시험의 문제형식을 따르고 있지만 부분 변경이 있다
포인트 이해	문제2	6문항	구 시험의 문제형식을 따르고 있지만 부분 변경이 있다
개요이해	문제3	5문항	구 시험의 문제형식을 따르고 있지만 부분 변경이 있다
즉시응답	문제4	12문항	구 시험에서는 출제되지 않았던 새로운 문제형식
통합이해	문제5	4문항	구 시험의 문제형식을 따르고 있지만 부분 변경이 있다

2 큰 문제의 목적

	목적
과제이해	정리되어 있는 텍스트를 듣고, 내용을 이해할 수 있는지를 묻는다. (구체적인 과제 해결에 필요한 정보를 듣고, 다음에 무엇을 하는 것이 적당한지 이해할 수 있는지를 묻는다)
포인트 이해	정리되어 있는 문장을 듣고, 내용을 이해할 수 있는지를 묻는다(사전에 제시되어 있는 들어야 할 내용을 바탕으로, 포인트를 좁혀서 들을 수 있는지를 묻는다)
개요이해	정리되어 있는 문장을 듣고, 내용을 이해할 수 있는지를 묻는다(문장 전체로부터 화자의 의도나 주장 등을 이해할 수 있는지를 묻는다)
즉시응답	질문 등의 짧은 말을 듣고, 적절한 응답을 선택할 수 있는지를 묻는다
통합이해	긴 문장을 듣고, 복수의 정보를 비교·통합하면서 내용을 이해할 수 있는지를 묻는다

* '텍스트'란 문장을 말합니다.

3 새로운 문제형식의 큰 문제의 내용

신 시험에서는 새롭게 즉시응답이라는 문제 형식이 설정됩니다.

내용은, 질문 등의 짧은 말을 듣고, 적절한 응답을 선택할 수 있는지를 묻습니다.

우선, 다음과 같은 질문이 나옵니다.

問題4

　問題4では、問題用紙に何も印刷されていません。まず、文を聞いてください。それから、それに対する返事を聞いて、1から3の中から、正しい答えを一つ選んでください。

이어서 다음과 같은 문장이 나옵니다.

1番

M : その資料が見つかりさえすれば、論文が完成するんだよ。

F : 1　論文、完成したのに、残念だったね。

　　2　じゃあ、がんばって探そうよ。手伝うから。

　　3　よかったね、やっと見つかったんだ。　　　　　正答2

「M」은 말하는 사람이 남성, 「F」는 말하는 사람이 여성임을 나타냅니다.
　이러한 문제가 전부 12문제 출제됩니다. 발화문과 그것에 응답하는 3개의 선택지가 한 번만 나옵니다. 이렇게 일상 회화에 가까운 것이 즉시응답형식 문제입니다.

4 새로운 문제 형식의 큰 문제 대책

(1) 회화 표현을 익힌다

　회화에서 자주 사용되는 표현이나 문형을 그 사용장면이나 의도도 포함해서 이해해 두도록 합시다.

(2)) 발화문에 집중한다.

　발화문은 비교적 짧고 한 번 밖에 안 읽습니다. 발화문을 놓치지 않도록 집중해서 듣도록 합시다. 또한 짧은 발화와 그 응답이 12문제씩이나 계속해서 나오기 때문에 못 푼 문제가 있더라도, 기분을 전환하고 바로 다음 문제에 집중하는 자세가 중요합니다.

5 그 외의 큰 문제 내용

(1) 과제이해

　'과제이해'는 지금까지의 문제와 비슷한 형식입니다. 선택지는 글씨 또는 일러스트로 인쇄되어 있고 질문도 처음과 마지막에 두 번 나옵니다.

　내용은, 이야기의 등장인물이 다음에 무엇을 할지를 묻습니다.

(2) 포인트이해

　'포인트이해'도 선택지가 글씨로 인쇄되어 있습니다. 질문문을 듣고 나서 선택지를 읽을 시간이 있습니다. 그 후에 문장을 듣고 해답하는 형식입니다.

(3) 개요이해

　'개요이해'에서는 우선 텍스트를 듣습니다. 질문은 마지막에 한 번 나오고 그 후에 선택지가 나옵니다.

(4) 통합이해

'統合理解 통합이해'는 예를 들면 3명의 대화나 여러 종류의 텍스트를 듣습니다. 질문은 마지막에 한 번만 나옵니다. 선택지는 음성인 경우도 있고 인쇄되어 있는 경우도 있습니다.

6 그 외의 큰 문제 대책

(1) 문제에 따라 듣는 법을 바꾼다

전체를 듣고 이해할지, 포인트를 좁혀서 들을지, 문제에 맞춰서 듣는 방법을 바꿀 필요가 있습니다.

(2) 한 번만 나오는 질문을 듣는데에 집중한다

지금까지의 문제에서는, 처음과 끝에 2번 질문이 나왔습니다. 하지만, '개요이해' '통합이해'에서는 질문은 한 번 밖에 나오지 않기 때문에 한 번 뿐인 질문을 듣는 데에 집중하도록 해야 합니다.

(3) 인쇄되어 있는 선택지를 재빠르게 이해한다

선택지가 인쇄되어 있는 문제도 있으므로, 짧은 시간에 선택지의 내용을 정확하게 읽어낼 필요가 있습니다.

7 N2 청해의 새로운 경향

(1) 종합득점에 차지하는 청해의 비율이 높아졌다

신 시험에서는 득점구분이 1 언어지식, 2 독해, 3 청해의 세 영역으로 구분되고, 종합득점에 차지하는 청해의 비율이 지금까지의 4분의 1에서 3분의 1로 늘어났습니다.

(2) 실제 장면에 더 가까워진 문제

신 시험의 청해에서는 실제 커뮤니케이션에 필요한 청해 능력을 묻는 데에 중점이 놓여있습니다. 듣고 이해할 뿐만 아니라, 어떻게 대응할지에 대한 판단이 요구됩니다.

＜第1回 실전모의테스트 정답표＞

言語知識（文字・語彙、文法）、読解 언어지식(문자・어휘, 문법), 독해

問題1					問題2					問題3				
1	2	3	4	5	6	7	8	9	10	11	12	13	14	15
2	1	4	3	4	2	3	1	4	3	2	3	1	4	2

問題4							問題5					問題6				
16	17	18	19	20	21	22	23	24	25	26	27	28	29	30	31	32
4	3	1	2	3	3	2	4	1	3	2	1	2	3	1	4	3

問題7												問題8				
33	34	35	36	37	38	39	40	41	42	43	44	45	46	47	48	49
3	3	4	2	4	3	1	2	4	1	2	3	1	4	1	4	1

問題9					問題10					問題11								
50	51	52	53	54	55	56	57	58	59	60	61	62	63	64	65	66	67	68
2	3	4	1	1	1	4	3	4	3	1	4	3	4	1	3	4	2	1

問題12		問題13			問題14	
69	70	71	72	73	74	75
2	4	4	1	4	2	2

聴解 청해

問題1					問題2						問題3				
1	2	3	4	5	1	2	3	4	5	6	1	2	3	4	5
3	1	3	3	2	1	2	2	3	4	1	2	4	3	3	4

問題4											
1	2	3	4	5	6	7	8	9	10	11	12
3	1	1	3	2	2	1	2	3	2	3	1

問題5			
1(1)	1(2)	2	3
3	4	2	3

問題1 ________의 단어의 읽는 법으로 가장 적당한 것을 1·2·3·4에서 하나 고르시오.

1 正答2　그녀의 소원은 무엇일까?　　　**2** 正答1　가족과 함께 미국으로 전근가게 되었다.

3 正答4　결혼했을 무렵에는 매우 가난했다.

4 正答3　이렇게 큰 다이아몬드는 본 적도 없어서 가격을 예상할 수 없다.

5 正答4　올해도 작년과 마찬가지로 눈이 별로 안 온다.

문제2 ________의 단어를 한자로 쓸 때, 가장 적당한 것을 1·2·3·4에서 하나 고르시오.

6 正答2　이 표는 유학생수의 변화를 나타내고 있다.

7 正答3　그녀가 무사하기를 기도한다.　　　**8** 正答1　그의 웃는 얼굴이 인상에 남아 있다.

9 正答4　조금씩 날씨가 회복되고 있다.　　　**10** 正答3　태풍이 접근하고 있다.

문제3 (　　　)에 들어갈 가장 적당한 것을 1·2·3·4에서 하나 고르시오.

11 正答2　어려운 책이었지만, 사전을 찾으면서 어떻게든 전부 읽었다.

🔑 **きる**는 동사의 ます형에 붙어서 '완전히~하다, 끝까지~하다'라는 의미를 나타낸다.

例　持っていたお金を使い**きった**。 갖고 있던 돈을 다 썼다

疲れ**きって**眠ってしまった。 너무 지쳐서 자고 말았다

12 正答3　모두들 앞에서 그런 말을 하다니 비상식적이다.

🔑 **非、反、不、無、未** 등은 명사 앞에 붙어서 부정을 나타낸다.

例　**非**公式 (비공식/공식적이 아니다)、**反**社会的 (반사회적/ 사회에 반한다)、**不**成立 (불성립/성립하지 않는다)、**無**資格 (무자격/자격이 없다)、**未**完成 (미완성/ 아직 완성하지 않았다)

13 正答1　간호사 일은 중노동이다.

🔑 **重**은 정도가 심함을 나타낸다. 중노동은 육체적으로 굉장히 힘든 노동을 의미한다.

14 正答4　작은 가방에 무리하게 짐을 밀어 넣었다

🔑 **こむ**는 동사의 ます형에 붙어서 '안에 넣는다, 들어간다'라는 의미를 추가한다.

例　すき間から風が吹き**こんで**、とても寒い。 빈틈으로 바람이 들어와 굉장히 춥다

勢いよくプールに飛び**こんだ**。 힘차게 풀장으로 뛰어 들었다

✏️ まとめて覚えよう

●**こむ**에는 어떤 동작을 하고 그 상태 그대로 있다는 의미도 있다.

例　疲れて、床に座り**こんで**しまった。 지쳐서 바닥에 주저 앉고 말았다

15　正答2　어릴 때부터 버스 운전수가 되고 싶다는 생각을 했었다.

🔑　手는 어떤 역할이나 일을 담당하는 사람을 나타내는 경우가 있다.

例　歌手 가수／助手 조수　書き手 쓰는 사람／読み手 읽는 사람／担い手 담당자

問題4　(　　　)에 들어갈 가장 적당한 것을 1・2・3・4에서 하나 고르시오.

16　正答4　너무 웃겨서 웃음을 참을 수가 없었다.

🔑　웃음이나 눈물 등의 감정표현을 억누르고 밖으로 드러내지 않는 것을 こらえる라고 한다.

例　本当はとてもつらかったが、涙をこらえて笑顔で別れた。

　　사실은 정말 괴로웠지만 눈물을 참고 웃는 얼굴로 이별했다.

✏️ まとめて覚えよう

●こらえる에는 고통을 참는다는 의미도 있다.

例　その選手は足の痛みをこらえてゴールまで走った。그 선수는 다리의 통증을 참고 결승점까지 달렸다.

17　正答3　깨지지 않도록 살짝 놓아 주세요.

🔑　そっと는 조용하게 소리를 내지 않도록 무언가를 하는 모습을 나타낸다.

例　赤ちゃんが寝ていたので、そっとドアを閉めた。아기가 자고 있어서 조용히 문을 닫았다.

18　正答1　저 아이 집은 부자라서 부모님이 무엇이든지 사 준다. 부럽다

🔑　うらやましい는 다른 사람을 보고 자기도 그러면 좋겠다고 바라는 마음을 나타낸다.

例　私は一人っ子なので、兄弟のいる人がうらやましい。나는 외동이라서 형제가 있는 사람이 부럽다.

✏️ まとめて覚えよう

●なつかしい는 옛 일을 떠올리면 즐거운 느낌이 들 때 쓴다.

例　「この店、昔、よく行ったよね。이 가게, 예전에 자주 갔었지.」

　　「うん、なつかしいね。응, 옛날 생각이 나네.」

●やかましい는 소리가 큰 것이 싫다고 느끼는 기분을 나타낸다. うるさい와 같은 용법이다.

例　工事の音がやかましくて、仕事に集中できない。공사 소리가 시끄러워서 일에 집중할 수 없다.

●まぶしい는 빛이 너무 강하다고 느낄 때 사용한다.

例　夕日がまぶしいので、カーテンを閉めた。석양이 눈부셔서 커튼을 닫았다.

19　正答2　스즈키 씨는 홋카이도 출신이기 때문에 추위에는 익숙하다.

🔑　出身은 그 지역에서 태어났다는 사실을 나타낸다.

例　最近、モンゴル出身のお相撲さんが増えた。최근 몽골 출신 스모선수가 많아졌다.

●出身^{しゅっしん}은 졸업한 학교나 근무한 단체 등을 나타내는 경우도 있다.

例 彼女は、女子校出身だ。그녀는 여학교 출신이다.

　　彼は、民間企業の出身だ。그는 민간기업 출신이다.

---

20 正答 3 밤새도록 계속 눈이 내려서 주변일대가 새하얗게 됐다.

🔑 一面은 어느 장소 전체를 나타낸다.

例 バスを降りると、そこは一面の花畑で、夢を見ているみたいだった。

　　버스에서 내렸더니 그 곳은 일대가 꽃밭이어서 꿈을 꾸고 있는 것 같았다.

---

21 正答 3 외국어를 할 수 있으면 취직할 때 유리하다.

🔑 무언가를 할 때 다른 것보다 조건이나 상태가 좋을 때 有利를 사용한다.

例 たいていのスポーツでは、体が大きい方が有利だ。대부분의 스포츠에서는 몸이 큰 편이 유리하다.

●有効는 효과가 있다는 것을 나타낸다.

例 残り少ない時間を有効に使いたい。얼마 남지 않은 시간을 유효하게 쓰고 싶다.

---

22 正答 2 이번 달 영업성적은 야마모토 씨가 톱이었다.

🔑 トップ는 1위, 가장 위를 의미한다.

例 あの会社は世界トップの自動車会社だといえる。

　　저 회사는 세계 최대 자동차 회사라고 말할 수 있다.

問題 5 ＿＿＿＿단어의 의미가 가장 가까운 말을 1·2·3·4에서 하나 고르시오.

23 正答 4 이 문제는 상당히 어렵다.

🔑 かなり는 보통 이상으로 정도가 큰 모습을 나타낸다.

---

24 正答 1 그의 말은 자주 인용된다.

●まれ는 무언가를 보거나 무언가의 상황을 만나거나 하는 횟수가 몹시 적다는 뜻을 나타낼 때 사용한다.

例 東京で雪が積もることはまれだ。도쿄에 눈이 쌓이는 일은 거의 없다.

25 　正答 3　엄마는 이쪽을 바라보며 <u>미소 지었다</u>.

26 　正答 2　<u>애매한</u> 태도를 취해서는 안 된다.

🔑 **あいまい**는 태도나 어떤 일이 확실하지 않은 모습을 나타낸다.

27 　正答 1　좋은 <u>아이디어</u>가 있으면 가르쳐주세요.

問題6　다음 단어의 사용법으로 가장 적당한 것을 1・2・3・4에서 하나 고르시오.

28 　正答 2　A사와 B사의 <u>이해</u>가 일치했기 때문에 계약은 성립됐다.

🔑 **利害**는 득과 실, 이익과 손해라는 의미를 나타낸다.

29 　正答 3　외국인 관광객은 5년 전의 <u>거의</u> 1.5배 늘어났다.

🔑 **ほぼ**는 양이나 정도가 전부, 또는 제시된 수량에 거의 가까운 상태임을 나타낸다.

例　論文は**ほぼ**完成した。논문은 거의 완성했다.

30 　正答 1　재채기를 할 때에는 입을 막는 것이 <u>에티켓</u>이다.

🔑 예의(매너)를 **エチケット**이라고 한다.

31 　正答 4　먼지가 쌓이지 않도록 위에 천을 <u>덮어</u> 두었다.

🔑 **XにYをかぶせる**는 X위에 Y를 감싸듯이 올려 놓는 것을 나타낸다. Y는 뚜껑이나 종이, 천 등, 두께가 별로 없는 것이 많이 온다.

32 　正答 3　역에서 학교까지는 <u>완만한</u> 비탈길이 이어져 있다.

🔑 **なだらか**은 비탈이나 곡선 등의 경사가 심하지 않은 모습을 나타낸다.

例　その国の経済成長率は、**なだらかな**曲線を描きながら上昇している。

그 나라의 경제성장률은 완만한 곡선을 그리며 상승하고 있다.

問題7　다음 문장의 (　　)에 들어갈 가장 적당한 것을 1·2·3·4에서 하나 고르시오.

33　正答3　이 학교에서는 테스트 결과를 바탕으로 반을 정하게 되어 있다.

X［동사사전형/동사ない형+ない］ことになる(~하게 된다)는 'X가 정해진다'는 의미를 나타낸다.

> **まとめて覚えよう**
>
> ●X［동사사전형/동사ない형+ない］ことになる라는 표현에서는 누가 결정하는지가 명확하지 않지만, X［동사사전형/동사ない형+ない］ことにする라는 표현에서는 주어인 인물이 결정을 하고 있다.
>
> 例　兄は中華料理の勉強のために、中国へ行くことにしたらしい。형은 중국음식 공부를 위해 중국에 가기로 한 것 같다

34　正答3　도저히 못하겠으면 포기할 수 밖에 없다.

X［동사사전형］ほか（は）ない는 'X가 하고 싶은 것은 아니지만 X를 하는 것 이외에 방법이 없다'는 의미를 나타낸다.

35　正答4　이 지방은 일년 내내 따뜻해서 매우 생활하기 좋다.

X［명사］を通じて(X~내내)는 X에 어느 일정 기간을 나타내는 명사가 와서 '그 기간 중 계속'이라는 의미를 나타낸다.

> **まとめて覚えよう**
>
> ●X［명사］にわたってY(X에 걸쳐서 Y)는 Y의 '동작이 X의 기간, 범위까지 확산된다'는 의미를 나타낸다.
>
> 例　会議は10日にわたって続けられた。회의는 10일간에 걸쳐 계속 이어졌다.

36　正答2　한자는 커녕, 아직 히라가나도 다 외우지 못했다.

X［명사／동사사전형／동사ない형+ない／い형용사사전형／い형용사ない형+ない／な형용사어간／な형용사ない형+ない］どころかY(X는 커녕Y)는 보통은 'X가 기대되거나 예상되거나 하는데 그보다도 예상이나 기대의 정도가 낮은 Y가 성립한다'고 할 때 사용한다.

37　正答4　역시 일류 호텔이야. 방문부터가 다르네.

X［명사］からして(~부터가)는 특징을 잘 나타내고 있는 예를 들고, '그 외의 것은 말할 필요도 없다'고 하는 의미를 나타낸다.

38 **正答3** 저기, 야마모토 선생님 계십니까? 저는 지난번 선생님 강연회에서 만나 뵈었던 스즈키라고 합니다.

🔑 **お目にかかる**는 「**会う**(만나다)」의 겸양어이다.

✏️ **まとめて覚えよう**

● 「**会う**」의 존경어는 **お会いになる**가 된다.

例 社長、A社の山本様がいらっしゃっていますが、**お会いになり**ますか。

　　사장님, A사의 야마모토씨께서 와 계신데 만나시겠습니까?

---

39 **正答1** 그 사람은 자기는 아무것도 안 하는 주제에 불평만 한다.

🔑 **X [보통체] くせに Y** (~주제에)는 'X로부터 당연히 예상, 기대되는 일이 일어나지 않고 그것과는 다른 Y가 일어난다'는 의미를 나타내며, Y에 좋지 않은 의미가 있을 때 사용되는 경우가 많다. X와 Y는 같은 주어를 갖는다. *단, な형용사의 보통체인 「~だ」는 「~な」의 형태로, 명사 보통체인 「~だ」는 「~の」의 형태로 사용한다.

---

40 **正答2** 불과 2주일 만에 이런 긴 소설을 썼다니, 믿기 힘들다.

🔑 **X [동사ます형] がたい**는 'X를 하고 싶어도 할 수가 없다, X를 하는 것이 굉장히 어렵다'는 의미를 나타낸다. 능력이 없어서 못한다고 할 때에는 사용할 수가 없다.

---

41 **正答4** 일본에서는 6월 중순부터 7월 중순에 걸쳐서 비가 많이 오는 계절을 장마라고 부른다.

🔑 **X [명사] から Y [명사] にかけて** (X로부터 Y에 걸쳐서)는 X와 Y에 장소를 나타내는 명사가 와서, X와 Y를 포함하는 범위를 나타낸다.

✏️ **まとめて覚えよう**

● 비슷한 표현으로 **XからYまで**가 있다. **XからYにかけて**가 대략적인 구간과 기간을 나타냄에 반해 **XからYまで**는 시작과 끝을 명확하게 나타낸다.

例 病院の診察時間は９時**から**12時**まで**だ。 병원의 진찰시간은 9시부터 12시까지다.

---

42 **正答1** 집을 나서자 마자, 돌에 걸려서 넘어지고 말았다.

🔑 **X [동사た형] とたん** (~하자 마자)은 'X를 하고 나서 바로'라는 의미를 나타낸다.

---

43 **正答2** 에어컨이 너무 세서, 시원하다기 보다 추울 정도다.

🔑 **X [명사／な형용사어간／보통체] というより Y**는 'X라는 표현보다 Y라는 표현이 더 적절하다'는 의미를 나타낸다.

44 正答3　서둘러 학교에 갔더니 개교기념일이어서 쉬는 날이었다.

🔑 X [동사た형] ところ Y (X했더니 Y)는 'X를 했더니 Y가 되었다, X를 했더니 Y다' 는 사실을 알았다는 의미를 나타낸다.

問題8　다음 문장의 ＿＿★＿＿에 들어갈 가장 적당한 말을 1・2・3・4중에서 하나 고르시오.

(문제예)

어제 ＿＿＿＿＿ ＿＿＿＿＿ ＿＿★＿＿ ＿＿＿＿＿는 굉장히 맛있었다.

　1 엄마　2 사 온　3 가　4 케이크

(해답 방법)

1 올바른 문장은 이렇습니다.

어제 ＿＿＿＿＿ ＿＿＿＿＿ ＿＿★＿＿ ＿＿＿＿＿는 굉장히 맛있었다.

　1 엄마　2 가　　3 사 온　4 케이크

2 ＿＿★＿＿에 들어갈 번호를 해답용지에 마크합니다.

45　正答1

정답문　彼女は 2才能に 4恵まれている **1のみならず** 3努力を 続けることができる人だ。

　　　그녀는 2 재능을 4 타고 태어났을 1 뿐만 아니라 3 노력을 계속할 수가 있는 사람이다.

🔑 X [명사／보통체] のみならず Y (も) (X뿐만 아니라 Y)는 'X는 뿐만 아니라 Y도' 라는 의미를 나타낸다.

　＊단, な형용사 보통체인 「～だ」 의 형태와 명사의 보통체인 「～だ」 의 형태는 쓰지 않는다.

✏ まとめて覚えよう

●같은 용법을 갖는 표현으로, X [명사／보통체*] ばかりか／ばかりでなく Y (も／まで／さえ) 가 있다. ＊단, な형용사 보통체인 「～だ」 대신에 「～な」 의 형태를 쓴다. 명사보통체인 「～だ」 의 형태는 쓰지 않는다.

例　母ばかりか父まで私の留学に反対した。어머니뿐만 아니라 아버지까지 유학을 반대했다.

46　正答4

정답문　こっそり 3ケーキを **4食べている** 2ところを 1見られて はずかしかった。

　　　몰래 3 케이크를 4 먹고 있는 2 장면을 1 누군가 봐서 창피했다.

X ［명사］がY ［동사사전형/동사た형/ている형］ところを見る(X가 Y하고 있는 장면을 보다)
는 X ［명사］がY ［동사사전형/동사た형/ている형］のを見る에 비해, 목격하는 (그 자리에 있
으면서 실제로 눈으로 본다)는 의미가 강해진다.

---

47 正答 1

정답문 同じ内容でも言い方 2次第で 4相手を **1怒らせてしまう** 3ことが ある。

같은 내용이라도 말투 2 에 따라서 4 상대방을 1 화나게 하는 3 경우가 있다.

🔑 X ［명사］次第だ／で(X에 따라서)는 'X에 의해서 상황이나 사태가 바뀐다'고 할 때 쓴다.

例 成功するかしないかは、あなた次第だ。 성공 하느냐 마느냐는 당신에게 달렸다.

48 正答 4

정답문 値段は安いほうがいいが、 3安ければ 1いい 4というもの 2でもない。

가격은 싼 편이 좋지만 3 싸면 1 좋다 4 고 하는 것 2 도 아니다.

🔑 X ［보통체］というものではない／というものでもない(X라고 하는 것은 아니다)는 'X라
는 생각이 100퍼센트 옳은 것은 아니다' 는 의미를 나타낸다.

49 正答 1

정답문 国へ 3帰ろうか 2帰るまいか **1迷っていても** 4答えは 出ない。

고국에 3 돌아갈지 2 돌아가지 말지 1 고민해도 4 답은 나오지 않는다.

🔑 X ［동사의지형］か X'［동사＋まい］か(X해야 할지 X' 하지 말아야 할지)는 '할까, 말까'
라는 의미를 나타낸다. : X와 X' 는 같은 동사

●まいは 부정의지, 추측을 나타낸다. 접속하는 동사의 형태는 1그룹 동사에서는 사전형 (예:行
くまい)、2그룹 동사에서는 사전형이나 ない형 (예: 食べるまい、食べまい)이 된다。「来る」
「する」 는 각각 「来るまい、来まい」「するまい、しまい」 와 같이 2개의 형식이 있지만
「来るまい」「するまい」 가 일반적이다.

例 二度とそこへは行くまい。 두 번 다시 그곳에는 가지 않겠다.

단어정리　→→→

□体 몸	□疲れを取る 피로를 풀다	□人間 인간	□必ず 반드시
□睡眠 수면	□睡眠不足 수면부족	□健康 건강	□悪い 나쁘다	□事故 사고
□原因 원인	□眠る 잠들다	□質 질	□良い 좋다	□ぐっすり 푹
□仕事 일	□ミス 미스, 실수	□減る 줄다	□睡眠を取る 수면을 취하다
□まず 우선	□環境 환경	□作る 만들다	□部屋 방	□温度 온도
□湿度 습도	□調整 조정	□明るい 밝다	□気を付ける 조심하다, 신경쓰다
□自然 자연	□やわらかい 부드럽다	□光 빛	□適する 적당하다, 알맞다
□直接 직접	□空気 공기	□触れる 만지다	□布団 이불	□シーツ 시트
□大事だ 중요하다	□軽い 가볍다	□重い 무겁다	□好き 좋아함	□決まる 정해지다
□好み 취향	□準備 준비	□寝る前 자기 전	□お風呂に入る 목욕을 하다
□ゆっくり 천천히	□実は 실은	□行動 행동	□深い 깊다	□結局 결국
□最後 마지막	□食べ物 먹을 것, 음식	□〜について 에 대해서	□述べる 진술하다
□食べる 먹다	□夜 밤	□お腹がいっぱいだ 배가 부르다
□眠りが浅くなる 잠이 얕다	□消化 소화	□反対 반대
□お腹がすく 배가 고프다	□第一 제일	□お酒を飲む 술을 마시다
□ただし 다만	□逆に 반대로	□下げる 떨어뜨리다	□しっかり 확실히

50　正答 2

정답문　3번째 줄 ▶ どうせ眠らなければならないのなら、質の良い睡眠がいい。

어차피 자야만 한다면 양질의 수면이 좋다.

🔑 XならY(X라면 Y)는 'X를 하는 것이 정해져 있는 경우에 Y라고 하는 판단이나 제안을 한다' 는 의미를 나타낸다. どうせ(어차피)는 XならY(X라면Y)의 강조로, 자주 함께 사용된다.

✏ まとめて覚えよう

● せっかく(기왕)도 XならY(X라면Y)와 함께 사용되는 경우가 있다. 하지만, 이 때는 X라는 기회에 Y를 하고 싶다는 상황 등에서 쓰인다.

例　せっかく買い換えるのなら、新しいのを買いたい（積極的な気持ち）。

기왕 다시 살 거라면 새 것을 사고 싶다. (적극적인 마음)

● 한편, どうせ는 결정된 것에 대해 체념한 마음이 들어가는 경우가 있다.

例　どうせ買い換えなければならないなら、いいのを買おう（あきらめの気持ち）。

어차피 다시 살 거라면 좋은 것을 사야지. (체념한 마음)

[51] 正答 3

정답문　8번째 줄▶布団については、軽いのが**好きな人**もいれば、重いのが好きという人もいる。

이불에 대해서는 가벼운 것이 좋다고 하는 사람도 있고 무거운 것이 좋다고 하는 사람도 있다.

🔑 **Xもいれば／あれば、Yもいる／ある**(X도 있고 Y도 있다)는 여러 가지 것이 있을 때 그 중에서도 대조적인 예를 들어서 종류가 많다는 사실을 말하는 표현이다. 여기서는 「軽い(가볍다)」와 「重い(무겁다)」가 대조적인 관계로 되어 있기 때문에 「嫌(きら)い(싫어함)」를 사용할 필요는 없다.

例　夜空の星には明るいの**もあれば**、暗いの**もある**。

밤하늘에 별 중에는 밝은 것도 있고 어두운 것도 있다.

[52] 正答 4

정답문　13번째 줄▶結局、よく眠れる**というわけだ**。결국, 잘 잘 수 있다는 것이다.

🔑 **というわけだ**(~라는 것이다)는 여기까지 말한 여러 사항의 귀결(결론)을 말하는 표현이다. 結局(결국)과 자주 함께 쓰인다.

[53] 正答 1

정답문　17번째 줄▶たくさん飲むと、逆に睡眠の質を下げることが**わかっている**。

많이 마시면 반대로 수면의 질이 떨어진다는 사실이 알려져 있다.

🔑 「わかる(알다)」등의 순간동사는 **ている**형이 되면 그 후의 상태가 지속된다는 것을 나타낸다. 이미 명확해진 사실 보고에 이 표현을 사용한다.

✏️ **まとめて覚えよう**

● 순간동사는 그 동작이 한 순간 끝나는 동사이다.

例　電灯が消え**ている** 전등이 꺼져 있다. (꺼진다고 하는 짧은 순간 후의 상태이다)

[54] 正答 1

정답문　19번째 줄▶質の良い睡眠をしっかりとるには、**このような**ことが大事である。

양질의 수면을 확실하게 취하기 위해서는 이러한 것이 중요하다.

🔑 **このような**(이러한)는 지금까지 말한 사실을 포괄적으로 가리킨다. 결론이나 요약을 할 때 사용한다.

問題10 다음의 (1)에서 (5)의 글을 읽고, 뒤에 나오는 질문에 대한 답으로 가장 적당한 것을 1 · 2 · 3 · 4에서 하나 고르시오.

---

(1) 단어정리 → → →

□僕 나(남자)	□ノルウェー系 노르웨이계	□アメリカ人 미국인	□祖父母 조부모
□家 집	□いっぱい 많이	□聞く 듣다	□小さい 작다	□言語 언어
□当たり前 당연함	□人生 인생	□変わる 변하다	□影響を受ける 영향을 받다
□日本 일본	□留学 유학	□山梨県 야마나시현(지명)	□高校 고등학교
□日本語 일본어	□英語 영어	□違う 다르다	□びっくりする 놀라다
□しゃべる 말하다, 수다떨다	□誰とも 누구와도	□日々 나날이	□続く 계속되다
□食卓 식탁	□家族 가족	□お兄さん 오빠, 형	□茶碗 밥공기
□おかわり 같은 음식을 더 먹음, 한 그릇 더	□最初 처음	□聞き取れる (어떤 말이 어떤 뜻으로)이해되다
□お母さん 엄마, 어머니	□もっと 더	□ご飯 밥	□瞬間 순간
□喜び 기쁨	□今でも 지금까지도	□忘れる 잊다	

55 正答 1　필자가 말하는 <u>기쁨</u>은 무엇에 의한 것인가?
1 자신이 하는 일본어가 실제 장면에서 통했다는 것
2 아주머니가 밥을 많이 주었던 것
3 일본의 포스트 패밀리의 가족과 식사를 한 것
4 일본유학에서 인생이 바뀔 만큼의 영향을 받은 것

　필자는 8번째 줄에서 「『おかわり』は僕の日本語になった (『밥 더 줘』는 나의 일본어가 되었다)」는 사실을 기뻐하고 있다.

---

(2) 단어정리 → → →

□読書 독서	□種類 종류	□楽しみ 즐거움	□小説 소설	□雑誌 잡지
□読む 읽다	□学ぶ 배우다	□苦しい 괴롭다	□新しい 새롭다	□考え 생각
□理解する 이해하다	□頭を働かす 머리를 쓰다		□何度も 몇번이나	□読み直す 다시 읽다
□考える 생각하다	□本当 정말	□読解 독해	□力 힘	□試す 시험하다
□逆に 반대로	□場合 경우	□話題 화제	□知識 지식	

56 正答 4　이 글에 의하면 <u>진정한 독해력</u>은 어떠한 능력인가?
1 쓰여 있는 내용을 즐길 수가 있는 능력
2 포기하지 않고 몇 번이고 다시 읽을 수 있는 능력
3 알고 있는 사실을 반복해서 읽을 수 있는 능력
4 모르는 화제라도 읽고 이해할 수 있는 능력

마지막 문장에 「読解の力」(＝読解力 (독해력)) 이 없어도 되는 것은 「知っている話題や知識で書いてある (아는 화제나 지식이 쓰여 있기)」 때문이라고 되어 있다. 독해력이 필요한 것은 그 반대의 경우이므로 모르는 일이라도 읽고 이해할 수 있는 것이 독해력이라는 것을 알 수 있다.

(3)　단어정리　→ → →

□劇場 극장	□携帯電話 휴대전화	□お持ち 소지함	□お客様 손님
□マナーモード 매너모드	□必ず 반드시		□電源を切る 전원을 끄다
□アナウンスが流れる 방송이 흘러나오다	□近くに 가까이에		□女性 여성
□言い合う 이야기를 나누다	□驚く 놀라다	□同時に 동시에	□鳴らす 울리다
□比較的 비교적	□高齢 고령	□多い 많다	□不注意 부주의	□単に 단지, 단순히

57　正答3　무엇을 모르는가?

　　　　1 휴대 전화의 매너 모드와 전원을 끄는 것의 차이

　　　　2 극장에서는 휴대 전화의 전원을 끈다고 하는 매너

　　　　3 휴대전화의 전원을 끄는 경우의 조작방법

　　　　4 극장에서 휴대 전화를 끄는 이유

여성들의 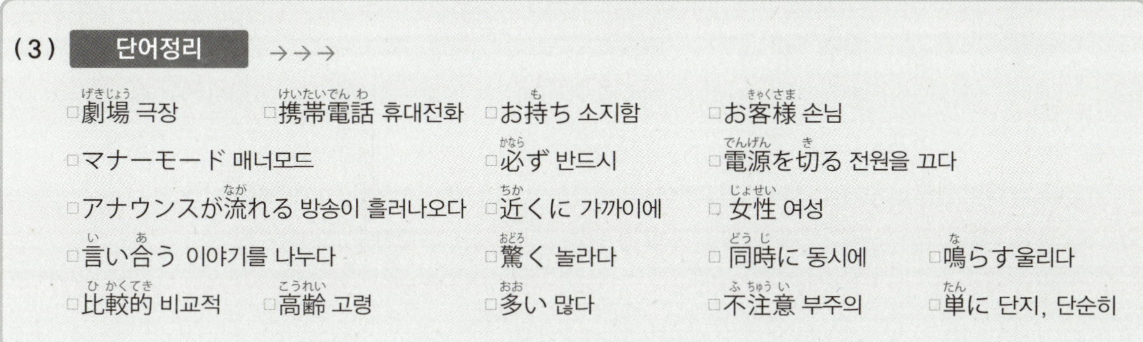 「電源を切れったって、どうやって切るのよねぇ (전원을 끄라고 해도 어떻게 끄는 줄 알아야지 끄지)」(4번째 줄)라는 말에서 알 수 있다.

(4)　단어정리　→ → →

□チンパンジー 침팬지	□明らかに 확실히	□うそをつく 거짓말을 하다		
□ふた 뚜껑	□箱 상자	□左右 좌우	□動く 움직이다	□仕切り 칸막이
□向こう 저편, 건너편	□例えば 예를 들면	□好きな 좋아하는	□バナナ 바나나	
□ふたを閉める 뚜껑을 닫다	□やがて 이윽고	□飼育人 사육사		
□やってくる 찾아오다	□あらかじめ 미리, 사전에	□指す 가리키다		
□ふたを開ける 열리다	□取りだす 꺼내다	□渡す 건네다	□教える 가르치다	
□嬉しい 기쁘다	□悪い 나쁘다	□自分で 스스로	□食べる 먹다	□右 오른쪽

58　正答4　침팬지가 오른쪽 상자를 가리키는 것은 무엇을 위해서인가?

　　　　1 사육사에게 알려줘서 바나나를 얻기 위해

　　　　2 사육사에게 알려줘서 바나나를 먹게 하기 위해

　　　　3 사육사를 속여서 바나나를 얻기 위해

　　　　4 사육사를 속여서 바나나를 못 먹게 하기 위해

「バナナをチンパンジーにくれないで自分で食べてしまう飼育人 (바나나를 침팬지에게 주지 않고 자기가 먹어 버릴 사육사)」(7번째 줄)에게 사실을 알려 주면 사육사가 바나나를 먹어 버린다.

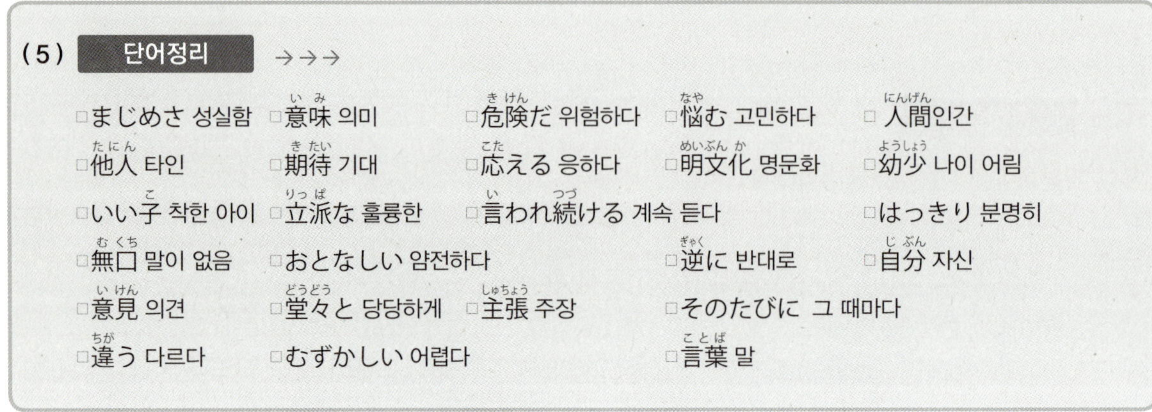

59 　正答 3　필자에 의하면 '기대'에 부응하는 것은 어려운 것은 왜인가?

1 시대에 따라 타인의 기대는 변화하기 때문에
2 '착한 아이'나 '훌륭한 사람'이 되는 것은 시간이 걸리기 때문에
3 경우나 사람에 따라 기대하는 내용이 바뀌기 때문에
4 타인이 '착한 아이'나 '훌륭한 사람'이 되는 것을 항상 기대하기 때문에

이유는, **だから** 앞에 「そのたびに違います (그 때마다 다릅니다)」라고 되어 있다. 그 때마다 다르다는 것은 하나 앞에 있는 문장의 「どういう子が『いい子』なのか (어떤 아이가 '착한 아이'인가)」이다. 즉, [어떤 아이가 [착한 아이]인가][그 때마다 다르다]라는 것이 된다.

問題11　다음의 (1)부터 (3)의 글을 읽고, 뒤에 나오는 질문에 대한 답으로 가장 적당한 것을 1 · 2 · 3 · 4에서 하나 고르시오.

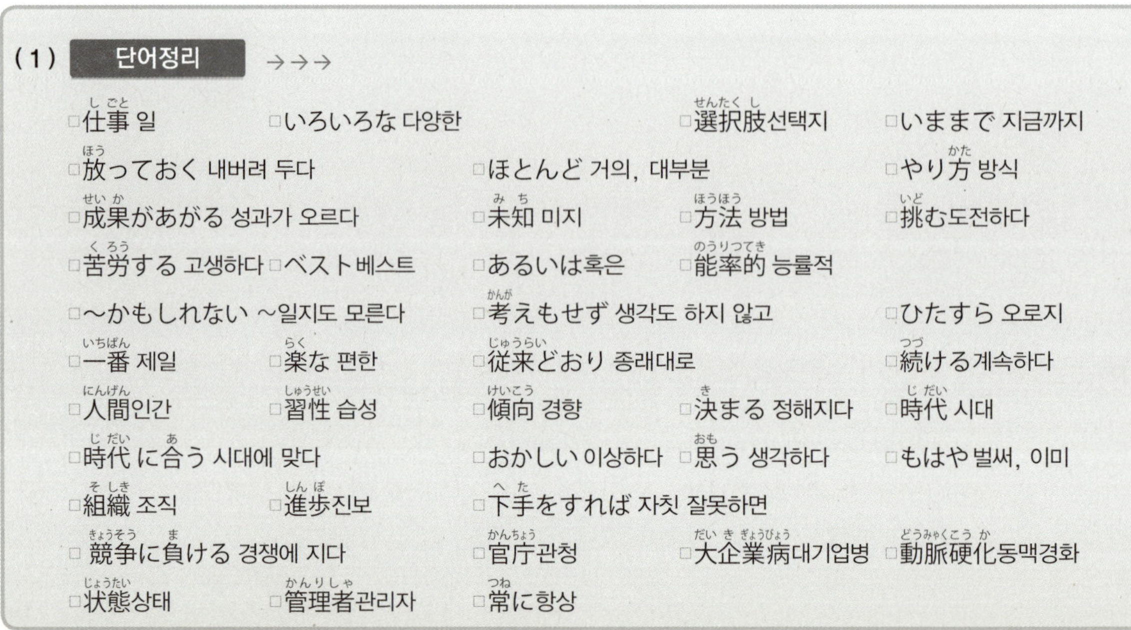

60 正答 1   ①그러한 것은 어떤 것인가?
　　　　1 더 좋은 방법이 있을지도 모르는 것
　　　　2 대부분의 사람이 지금까지 방식대로 하는 것
　　　　3 지금하는 방식이 최선의 방법이라는 것
　　　　4 미지의 새로운 방법에 도전하면 고생한다는 것

🔑 そういうこと(그러한 것)이 가리키는 것은 바로 앞의 내용이다. 즉 「ベストの方法かどうか(가장 좋은 방법인지 아닌지)」「ほかにもっと能率的にできる方法があるかもしれない (그 밖에 더 능률적인 방법이 있을 지도 모른다)」인 것이다.

61 正答 4   ②가장 편안한 종래방식대로란 어떤 방식인가?
　　　　1 성과가 오르는 방식
　　　　2 가장 능률적으로 할 수 있는 방식
　　　　3 시대에 맞는 방식
　　　　4 예전과 같은 방식

3번째 줄에 「未知の方法に挑んで苦労することはない (미지의 방법에 도전해서 고생할 필요는 없다)」고 되어 있으므로, 새로운 방식이 고생스러울 것이라는 것을 알 수 있다. 🔑예전과 같은 방식=편안한 방식인 것이다.

62 正答 3   필자는 업무 방식에 대해 어떻게 하는 것이 좋다고 말하고 있는가?
　　　　1 다른 조직이 시대에 맞는 방식을 하더라도 신경쓰지 않고, 능률적으로 성과가 오르는 자신
　　　　　들의 방식을 계속 이어간다.
　　　　2 지금까지 방식대로 계속하면서, 인간의 습성에 맞는 누구라도 간단하게 할 수 있는 방식을
　　　　　완성시킨다.
　　　　3 예전에 성공한 방식이라도 그대로 해서 좋을지 항상 주의하며, 좋지 않다고 판단되면 바로
　　　　　새로운 방식을 생각한다.
　　　　4 예전에 성공한 방식을 되풀이하지 않고, 항상 새로운 방식을 시도하여 조금이라도 편안하게
　　　　　업무를 계속할 수 있도록 연구한다.

필자의 생각은 마지막 단락(14~16번째 줄)에 있는 관리자가 생각해야 할 것 안에 정리되어 있다.

（2）　**단어정리**　→ → →

□地球 지구	□気温 기온	□現在 현재	□上昇する 상승하다	□〜つつある 〜하고 있다
□ペース 페이스	□温暖化 온난화	□進む 진행되다	□縄文時代 죠몬시대(일본 신석기 시대의 한 시기)	
□要する 필요로 하다		□戻る 돌아오다	□さらに 더욱더	□時代 시대
□人類誕生 인류탄생		□激しい 심하다	□変動 변동	□続ける 계속하다
□海面 해면	□現在 현재	□メートル 미터	□以上 이상	□高い 높다
□高温期 고온기	□何回 몇번	□一方 한편	□逆に 반대로	□低い 낮다

□低温期 저온기	□実は 실은	□北極 북극	□氷 얼음	□存在 존재	□はるかに 훨씬
□長い 길다	□北海道 홋카이도(지명)		□化石 화석	□多い 많다	

□したがって 따라서　　□起きる 일어나다　□大変なこと 큰 일

□悲鳴を上げる 비명을 지르다　□あり得ない 있을 수 없다　□経験 경험

□とんでもない 터무니없다　□〜はずがない 〜일리가 없다　□つまり 즉　□守る 지키다

□優しい 친절하다　□かわいそう 불쌍하다　□発想 발상　□すべて 모두　□誤り 실수, 잘못

□怒る 화내다　□普通 보통　□寒冷化 한랭화　□繰り返す 반복하다　□歴史 역사

□過去 과거　□瞬間的 순간적　□〜にすぎない 〜에 불과하다

---

63 **正答 4**　① 북극의 얼음은 존재하지 않았던 시대가 훨씬 길며란 어떤 것의 예인가?

　　　1 지구가 현재, 지금까지 없었던 온난화 위험에 있는 것
　　　2 지구가 지금까지 고온기와 저온기를 몇 번이나 반복한 것
　　　3 지구가 지금보다 기온이 낮은 시간이 전혀 없었던 것
　　　4 지구에서는 지금보다 기온이 높은 것이 진귀하지 않았던 것

북극에 얼음이 없었다=지금보다 지구가 따뜻했다.

그 시간이 길었다=따뜻한 시간이 길었다=기온이 높은 것이 진귀한 일이 아니었다.

64 **正答 1**　②지구가 들으면 화를 낼 것은 왜일까?

　　　1 온난화는 지구한테는 큰일이 아닌데도 인간이 멋대로 걱정하고 있기 때문에
　　　2 인간 활동에 의한 온난화로 지구환경이 엉망이 돼 버렸기 때문에
　　　3 온난화의 원인은 인간활동에 있는데 인간이 지구탓이라고 오해하기 때문에
　　　4 나중에 지금의 온난화보다도 심한 기온변화가 올 것이라는 것을 인간이 깨닫지 못하기 때문에

이 정도의 기온변화로 '지구'에 큰일이 일어날 리는 없다

'지구를 지키자' …… '지구가 불쌍하다' 라는 발상은 모두 잘못

65 **正答 3**　필자는 현재 지구의 기온상승에 대해 어떻게 생각하고 있는가?

　　　1 지금부터 200년간 '정상적인 기온'으로 되돌아갈 수 없을 것이다.
　　　2 이 정도의 온난화로 끝나지 않고, 큰 일이 일어날 것이다.
　　　3 긴 지구역사 속에서 볼 때 지구가 위험한 상태라고는 말할 수 없다.
　　　4 인류는 탄생 이후 몇 번이나 이 위기를 극복했기 때문에 이번에도 괜찮다.

지금까지의 내용을 다음에 나오는 표현에서 알 수 있다.

「気温は『縄文時代と同程度』**にすぎない** (기온은 『죠몬 시대와 비슷한 정도』의 기온에 불과하다)」(2번째 줄)

「現在起きている程度の温暖化で…**などということはあり得ない** (현재 일어나고 있는 정도의 온난화 때문에……라고 하는 것은 있을 수 없는 일이다)」(8~9번째 줄)

「この程度の気温変化で『地球』がとんでもないことになる**はずがない** (이 정도의 기온변화

때문에 『지구』에 큰 일이 날 리가 없다)」(10~11번째 줄)

「地球の歴史の中では、**たかだか**過去二〇〇年程度の瞬間的な**ものにすぎない** (지구 역사 중에서 기껏해야 과거 200년 정도의 순간적인 일에 불과하다)」(14번째 줄)

Xにすぎない(X에 불과하다)는 낮은 평가이고, **あり得ない**(있을 수 없다), **はずがない**(리가 없다)는 강한 부정을 나타낸다.

---

(3) **단어정리** →→→

□理解 이해	□感覚 감각	□本質的 본질적	□他人 타인	□くわしい 상세하다
□説明をうける 설명을 듣다	□論理的 논리적	□考える 생각하다		□知識 지식
□整合的である 꼭 들어맞다	□与える 주다, 부여하다			□自分 자신
□に対して ~에 대해서	□場合 경우	□つまり 즉		□話題 화제
□関連 관련	□ほとんど 거의, 대부분	□解釈 해석		□状態 상태
□ヒントを得る 힌트를 얻다	□結果 결과	□完全に 완전히		□ただちに 즉시
□答える 답하다				

---

66 **正答 4**　①그것은 무엇을 가리키는가?

　　　1 이해할 수 없는 내용

　　　2 알았다라는 감각

　　　3 본질적인 차이

　　　4 다른 사람으로부터 자세한 설명

🔑 **それ**(그것)은 앞에 있는 것을 가리킨다. 여기서는 같은 문장에 있는 「他人からくわしい説明 (다른 사람으로부터 자세한 설명)」을 가리킨다.

---

67 **正答 2**　②미싱 링크와 같은 것은 어떤 것을 나타내는가?

　　　1 지식이 있으면 다른 사람에게 듣지 않아도 누구라도 완전하게 알 수 있는 것

　　　2 지식밖에 없던 것을 완전히 알 수 있게 되는 힌트

　　　3 논리적으로 자기가 이미 가진 지식과 들어맞는 정보

　　　4 다른 사람한테 들은 지식과 자기 힘으로 얻은 지식을 조합한 것

5~6번째 줄에서 「ミッシング・リンクのようなものだと考えられる (미싱 링크와 같은 것이라고 생각된다)」라고 말한 뒤에, **つまり**로 시작되는 문장이 이어진다. **つまり**는 앞에 한 말을 바꿔 말하거나, 설명하거나 하는 것을 나타내는 접속사이므로 6~9번째 줄의 「つまり、話題になっている… 『わかった！』ということになる (즉, 화제거리가 되어 있는… '알았다!'는 것이 된다)」라고 하는 문장이 「ミッシング・リンクのようなもの (미싱 링크와 같은 것)」의 설명이 되고, 정답은 이것을 짧게 바꾸어 말한 것이 된다.

68 正答 **1**　이 글에 따르면 '이해했다' 와 '알았다' 는 어떻게 다른가?

1 '이해했다' 는 지식이 느는 것이고, '알았다' 는 자기가 설명할 수 있게 되는 것이다.

2 '이해했다' 는 논리적으로 안 것이고, '알았다' 는 논리가 없어도 안다는 것이다.

3 '이해했다' 는 다른 사람에게 설명을 듣고 아는 것이고, '알았다' 는 저절로 아는 것이다.

4 '이해했다' 는 지식이 느는 것이고, '알았다' 는 지식이 없어도 논리로 안다는 것이다.

「理解できた(이해했다)」 의 설명은 2번째 단락(2~4번째 줄)에 있다.

「他人からくわしい説明をうけ、①それを論理的にわかること (타인으로부터 자세한 설명을 듣고 ①그것을 논리적으로 알게 되는 일)」(2번째 줄)

「これまで知らなかった知識を与えられ、それが論理的に自分のもっている知識と整合的であるという場合 (지금까지 몰랐던 지식을 제공받고, 그 지식이 논리적으로 자신이 가지고 있는 지식과 잘 들어맞는 경우)」(3~4번째 줄)

이러한 문장들에서 「理解できた(이해했다)」 는 논리적으로 알게 되는 지식이 늘어나는 것이라고 말할 수 있다.

「わかった！(알았다!)」 의 설명은 3번째 단락(5~10번째 줄)에 있다.

「何かのヒントを得た結果、もっている知識によってその話題が完全に解釈できるということがわかったとき (무언가의 힌트를 얻은 결과, 가지고 있는 지식에 의해 그 화제거리를 완전히 해석할 수 있다는 것을 알았을 때)」(9~10번째 줄)

「その場合はただちにその解釈結果をわかった結果として答えることができる (그 경우는 곧바로 그 해석결과를 이해한 결과로서 답할 수가 있다)」(9~10번째 줄)

이러한 문장들에서 「わかった！(알았다!)」 는 지식을 가지고 있을 뿐만 아니라 그것을 활용해서, 스스로 설명할 수 있게 되는 것이라고 말할 수 있다.

問題12　다음 글은 소파 수리 문의에 대한 A가게와 B가게로부터의 답신 메일이다. 두 개의 글을 읽고, 뒤에 나오는 질문에 대한 답으로서 가장 적당한 것을 1 · 2 · 3 · 4에서 하나 고르시오.

단어정리　→ → →

□お問い合わせ 문의　□修理 수리　□調べる 조사하다　□中止 중지　□部品 부품

□材料 재료　□手に入る 손에 넣다　□依頼 의뢰　□引き受ける 책임지고 떠맡다

□〜かねる 〜하기 어렵다　□直す 고치다　□方法 방법　□少々 약간, 조금

□費用 비용　□予想 예상　□場合 경우　□値段 가격　□前後 전후

□高い 높다　□思い出 추억　□家具 가구　□新しい物 새로운 것　□変える 바꾸다

□当店 당점, 본점　□タイプ 타입　□多数 다수　□用意する 준비하다　□ご来店 내점

□検討 검토　　□引き立て 아껴줌　　□製造 제조　　□製品 제품　　□残念 유감스러움
□メール 메일　　□表面 표면　　□汚れる 더럽히다　　□破れる 찢어지다
□カバーをかける 커버를 씌우다　　□手軽な 간단한　　□前後 전후　　□高級品 고급품
□サイズに合わせる 사이즈에 맞추다　　□洗濯 세탁　　□通信販売 통신판매　　□カタログ 카달로그
□申し付ける 분부하다

69 正答 2　이 소파를 수리하는 것은 가능한가?

　　　　1 A가게도 B가게도 할 수 없다.

　　　　2 A가게는 할 수 있지만 B가게는 할 수 없다.

　　　　3 A가게는 할 수 없지만 B가게는 할 수 있다.

　　　　4 A가게도 B가게도 할 수 있다.

A가게 : 「別の材料で直すことは、できるかと存じます (다른 재료를 이용한 수리는 가능할 것 같습니다)」 (7번째 줄)

B가게 : 「残念ながら修理はできません (유감스럽지만 수리는 불가능합니다)」 (3번째 줄)

70 正答 4　문의에 대해 A가게와 B가게는 어떻게 할 것을 권하고 있는가?

　　　　1 A가게도 B가게도 소파를 수리해서 계속 사용할 것을 권하고 있다.

　　　　2 A가게도 B가게도 새로운 소파를 살 것을 권하고 있다.

　　　　3 A가게는 소파를 수리할 것을 권하고 있고, B가게는 소파를 수리하지 않을 것을 권하고 있다.

　　　　4 A가게는 새로운 소파를 살 것을, B가게는 다른 방법을 권하고 있다.

A가게 : 「お買い換えというのはいかがでしょうか (새로 장만하시는 것은 어떠신지요?)」 (12번째 줄)

B가게 : 「修理のかわりに、カバーをかけるという方法はいかがでしょうか (수리 대신 커버를 씌우는 방법은 어떠신지요?)」 (7번째 줄)

問題13　다음 글을 읽고 뒤에 나오는 질문에 대한 답으로 가장 적당한 것을 1·2·3·4에서 하나 고르시오.

단어정리 →→→

□娘 딸　　□高校生 고등학생　　□カバン 가방　　□人形 인형　　□ぶら下げる 매달다
□お守り 부적　　□幸運 행운　　□グッズ 상품, 물건　　□試験 시험　　□成績 성적
□返事 대답　　□戻ってくる 돌아오다　　□現に 실제로　　□中間試験 중간시험　　□効き目 효과
□信じる 믿다　　□きっと 꼭, 분명히　　□予言 예언　　□期末試験 기말시험　　□散々 심하게, 몹시
□証明される 증명되다　　□大体 대강　　□実力 실력　　□七十点を取る 70점을 맞다

□人間 인간	□おそらく 아마	□以下 이하	□神にすがる 신에게 매달리다
□気持ち 기분	□買う 사다	□単に 단순히, 그저	□発揮 발휘 / □通常 통상
□平均点 평균점	□上回る 웃돌다	□下回る 밑돌다	□誤解 오해
□身につける 몸에 지니다	□勉強 공부	□必ず 반드시 / □説明 설명	
□人生 인생	□山あり谷あり 좋을 때도 있고 나쁠 때도 있다	□落ち込む 풀이 죽다 / □慌てる 당황하다	
□自然 자연	□脱する 벗어나다	□怪しい 수상하다	□宗教 종교 / □信じ込む 맹신하다
□手を出す 손을 대다	□当たり前 당연함	□追い詰める 추궁하다	□気分 기분 / □頼る 의지하다
□やがて 이윽고	□時の流れ 시간의 흐름	□頼む 부탁하다	□お陰だ 덕분이다

---

71 正答 4　이 딸의 최근 3번의 시험 성적은 어떻게 바뀌었나?

1 좋다 → 나쁘다 → 좋다　　　　2 나쁘다 → 좋다 → 좋다

3 좋다 → 나쁘다 → 나쁘다　　　4 나쁘다 → 좋다 → 나쁘다

「現に、この前の中間試験の成績が良かった (실제로, 얼마 전에 본 중간고사 성적이 좋았다)」

(3번째 줄)← 한 개 앞 시험 결과 ＝좋다

「期末試験の成績は散々 (기말고사 성적은 몹시 안 좋았다)」 (5번째 줄)) ← 최근의 결과

＝나쁘다

「前の期末試験が実力以下の成績だった (전에 본 기말고사가 실력 이하의 성적이었다)」 (9번째

줄)← 두 개 앞 시험 결과 ＝나쁘다

이것들을 일어난 순서대로 나열하면 정답이 된다.

---

72 正答 1　필자에 따르면 행운 상품에는 어떤 효과가 있는가?

1 아무런 효과가 없다.

2 행운을 준다.

3 자신감을 준나.

4 실력을 발휘하게 한다.

「そんなもの付けてても (그런 거 붙여봤자)」 (4번째 줄)

「幸運グッズを買おうと買うまいと (행운 상품을 사건 안 사건) (상관없다)」 (11번째 줄)

🔑 「そんなもの(그런 거)」「買おうと買うまいと(사건 안 사건)」 이라는 표현에 필자의 부정적

인 생각이 나타나 있다.

73 正答4 필자가 이 글에서 말하고 싶은 것은 어떤 것인가?

1 설령 종교나 행운 상품에 의지한다해도 인간에게 좋을 때와 나쁠 때가 오는 순서를 바꿀 수는 없다.

2 인간에게는 나쁠 때와 좋을 때가 있는 법이지만, 신과 행운 상품은 나쁠 때만 의지하면 된다.

3 나쁠 때는 인간은 우울하지만, 신과 행운 상품이 있으면 좋을 때가 올 때까지 안심하고 기다릴 수 있다.

4 나쁜 것이 지나면 반드시 좋을 때가 찾아오지만, 나쁠 때가 와도 신과 행운 상품에 의지할 필요는 없다.

마지막 단락(16~22번째 줄)에 필자의 생각이 정리되어 있다. 정답은 그것을 더욱 더 간추린 문장이다.

問題14　다음은 어느 시의 시민활동 안내이다. 아래 질문에 대한 답으로 가장 적당한 것을 1·2·3·4 에서 하나 고르시오.

단어정리 →→→

地域 지역	学ぶ 배우다	遊ぶ 놀다	楽しむ 즐기다	社会貢献 사회공헌
国際交流 국제교류	参加申し込み 참가신청서		市民センター 시민센터	
窓口 창구	電話 전화	インド 인도	伝統 전통	
カレーを作る 카레를 만들다		市内 시내	在住 주재	主婦 주부
自慢 자랑, 자만	料理 요리	教える 가르치다	毎月 매월	水曜日 수요일
午前 오전	費用 비용	材料 재료	謝礼 사례	日本 일본
古い 오래되다	折り紙 종이접기	国際的 국제적	注目 주목	
初心者 초심자, 초보자		コンテスト 콘테스트		入賞者 입상자
一緒に 함께	無料 무료	火曜日 화요일	公園 공원	花作り 화초가꾸기
健康 건강	募集中 모집중	若い 젊다	歓迎 환영	茶道 다도
教室 교실	お茶 차	忙しい 바쁘다	毎日 매일	
離れる 벗어나다, 떨어지다		静けさ 조용함	ほっと 긴장이 풀려 마음이 놓이는 모양	
ひと息つく 한숨돌리다	月謝 다달이 내는 수업료		ダンスサークル 댄스클럽	
プロ 프로	指導 지도	気軽に 가벼운 마음으로		
社交ダンス 사교댄스	スタイル 스타일	会費 회비	不自由 부자유	
手で触る 손으로 만지다		読む 읽다	翻訳 번역	完成 완성
図書館 도서관	寄付 기부	目標 목표	腰をふる 허리를 흔들다	
ハワイの踊り 하와이 춤		上品 품위가 있음	神秘的 신비적	踊る 춤추다
午後 오후	着物 기모노	着方 입는 방법	覚える 배우다	外出 외출
イベント 이벤트	伝統食 전통식	守る 지키다	おばあちゃん 할머니	
おいしい 맛있다	郷土料理 향토음식	男性 남성	歓迎 환영	子育て 육아
集まる 모이다	勉強する 공부하다	過ごす 지내다		

 正答 2 요리를 배우고 싶은 남성이 참가할 수 있는 강좌는 몇 개인가?

 1 1개
 2 2개
 3 3개
 4 4개

　요리를 배울 수 있는 것은 「ナマステ (나마스테)」と「かすみ市の台所 (가스미시의 부엌)」이고, 둘 다 참가에 성별 등의 제한은 없다.

 正答 2 인도에서 온 유학생이 일본 전통적인 것을 배우고 싶어한다. 평일 오전 중에는 매일 수업이 있지만, 다른 날은 비어 있다. 조건에 맞는 것은 몇 개인가?

 1 2개
 2 3개
 3 4개
 4 5개

일본의 전통문화에 관한 활동은 「かすみ市の台所 (가스미시의 부엌)」「折り紙クラブ (종이접기 교실)」「わび庵 (와비암)」「うつせみ (우츠세미)」 4개가 있다. 이 중 '와비암' 은 수업이 있는 시간이기 때문에 참가할 수 없다.

（Ｍ：男性　Ｆ：女性）

問題1

문제1에서는 우선 질문을 들으세요. 그 후 대화를 듣고 문제지 1에서 4중에서 올바른 답을 하나 고르시오.

1番 🎵 A-01

初めて会う人と待ち合わせをした男の人が、携帯電話で女の人と話しています。男の人はどの人に声をかけますか。

Ｆ：はい。どうしたの？

Ｍ：待ち合わせ場所に着いたんだけど、なんかそれらしい人が大勢いて、ちょっとわかんなくて。え〜っと、佐藤さんって、🔑①60歳ぐらいの背の高い方だよね。

Ｆ：うん。そう。

Ｍ：🔑②年齢からすると髪は白いかな…。

Ｆ：🔑③白髪が多いね。それからね、🔑④ちょっと太めかな。丸顔で。

Ｍ：太めかあ。メガネ、かけてる？

Ｆ：ん〜。どうだっけ。🔑⑤メガネはかけてないと思うよ。

Ｍ：あ、じゃあ、あの人か…。

男の人はどの人に声をかけますか。

스크립트 번역

처음 보는 사람과 만나기로 약속한 남자가 휴대전화로 여자와 이야기하고 있습니다. 남자는 어느 사람에게 말을 걸까요?

여: 네. 무슨 일이야?

남: 만나기로 한 장소에 도착했는데 비슷한 사람이 많아서 누군지 잘 모르겠어. 어, 사토 씨, ①60세 정도 되는 키 큰 분이지?

여: 이, 맞아.

남: ②나이를 생각하면 흰머리겠네.

여: ③흰머리가 많지. 그리고 ④약간 살 찐 편이야. 얼굴은 둥그렇고.

남: 뚱뚱한 편이라고. 안경 썼어?

여: 음~, 안경 썼던가? ⑤안경은 안 썼을 거야.

남: 그럼, 저 사람이⋯⋯

남성은 어느 사람에게 말을 걸까요?

正答3

①~⑤의 조건에 해당하는 사람이 정답인 인물이다.

> **✏️ まとめて覚えよう**
>
> ● **それらしいX**는 그렇다고 알 수 있는 특징을 갖고 있는 X라는 의미이다.
>
> ● **太め**는 보통 보다 조금 뚱뚱한 모습을 나타낸다.
>
> ● **っけ**는 회화에서 확실하게 기억하고 있지 않다는 사실을 확인할 때 사용한다.
>
> ● 회화에서는 소리가 변화하거나, 짧게 말하기 쉬운 형태가 되거나 하는 경우가 있다.
>
> ・わから**ない**→わか**ん**ない
>
> ・佐藤さん**というのは**→佐藤さん**って**
>
> ・いる**のだ**→いる**んだ**
>
> ・〜**ている**→〜**てる**　　例 かけ**てる**
>
> ・〜**ていない**→〜**てない**　　例 かけ**てない**

男の人と女の人が、先生の家に行くときのおみやげ
について相談しています。女の人は何を買いますか。

F：あしたのおみやげ、何にしよう。私、あした
　　途中で買っていくけど。
M：先生、手ぶらで来てっておっしゃってたじゃない。
F：そういうわけにもいかないよ。ねえ、先生、
　　猫好きだから、猫の置物とかどう？　この
　　前、可愛いのを見つけたんだ〜。
M：そんなの邪魔になるよ。ネクタイとかどう？
　　猫のネクタイ。邪魔にならないし。
F：ええ〜。ネクタイは好みがあるから無理だよ。
　　だいたい、猫のネクタイなんて、先生に似合
　　わないし。
M：うーん、①じゃ、やっぱり食べ物だな。じ
　　ゃ、ケーキにしよう。
F：②ネクタイよりはいいね、そうしようか…
　　猫の置物、可愛いのに。ちっちゃくて邪魔に
　　ならないからいいと思ったのに。
M：そんなに好きなら自分が買えばいいじゃない。

女の人は何を買いますか。

남자와 여자가 선생님 댁에 갈 때 가져갈 선물에 대해서 상의
하고 있습니다. 여자는 무엇을 삽니까?

여: 내일 가져갈 선물, 뭐로 하지? 나, 내일 가는 길에 사
　　갈건데.
남: 선생님이 그냥 오라고 하셨잖아?
여: 그럴 순 없지. 있잖아, 선생님 고양이 좋아하시니까
　　고양이 장식품은 어떨까? 얼마 전에 예쁜 거 봤거든.
남: 그런 거, 걸리적거리기만 하지. 넥타이 같은 건 어때?
　　고양이 그림 있는 넥타이. 걸리적 거리지도 않고.
여: 에이, 넥타이는 취향이 있으니까 무리야. 고양이 디자
　　인 넥타이 같은 건 애초부터 선생님한테 어울리지도 않
　　고.

남: 음~, ①그럼 역시 먹을 게 좋을 거 같다.
　　케이크로 하자.
여: ②넥타이보다는 낫네. 그러자…… 고양이
　　장식품 예쁜데.. 작아서 걸리적거리지도
　　않으니까 괜찮을 것 같은데..
남: 그렇게 마음에 들면 네가 사면 되잖아.

여자는 무엇을 삽니까?

正答 1

1　케이크(○)

　　①의 남자의 제안에 여자도 ②에서 동
의하고 있다.

2　아무것도 안 산다(×)

　　手ぶらで란 손에 아무것도 들지 않는 것으
로, 특히 선물을 가지고 가지 않는 것이다.
　　그러한 **わけにもいかない**는 그런 일은
상식적으로 생각해서 불가능하다는 의미이
므로 선물은 사 간다.

3　넥타이(×)

　　넥타이는 부정하고 있다.

4　고양이 장식품(×)

　　남자는 고양이 장식품을 선물로 하는 데에
반대하고 있다.

●**と**言う、思う、聞くの **と** 는 대화 속
　에서 **って**가 되는 경우가 많다.

●**じゃない**는 듣는 사람도 알고 있다고
　생각되는 일을 생각나게 하거나, 확
　인하거나 할 때 사용한다.

男の人と女の人が、コンサートのチケットについて
話しています。女の人はいつのチケットを買いますか。

F：この前言ってたコンサート、もうすぐチケッ
ト発売だって。

M：えーっと、いつだったっけ。

F：来月の、10、11、12の3日間。金・土・日な
んだけど、何曜日に行く？

M：🔑①金曜日は仕事だし、日曜日は家でゆっく
りしたいなあ。

F：じゃ、土曜日ね。1時に始まる回と、6時に
始まる回があるけど。

M：え？　それって金曜日もだよね。そうか。そ
れなら、金曜日でも行けるな。どう？

F：うん、まあ行けるよ。そうだね。…🔑②夜遅
くなるのはちょっとやだけど。

M：そう？　🔑③じゃ、昼行くのがいいか。

F：うん。それで、買っとくね。

女の人はいつのチケットを買いますか。

남자와 여자가 콘서트 티켓에 대해서 이야기하고 있습니다.
여자는 어느 티켓을 삽니까?

여: 얼마 전에 말했던 콘서트, 곧 티켓 발매한대.

남: 언제였지?

여: 다음달 10,11,12일 3일간. 금요일, 토요일, 일요일
인데 무슨 요일에 갈거야?

남: ①금요일에는 일해야 되고, 일요일에는 집에서 푹 쉬고
싶은데..

여: 그럼 토요일이네. 1시에 시작하는 공연하고, 6시에 시
작하는 공연이 있는데..

남: 어? 금요일도 시간 똑같지? 그렇구나. 그럼 금요일에
도 갈 수 있는데. 어때?

여: 응, 괜찮아. 갈 수 있어. 근데.. ②밤 늦게 끝나는 건
좀 그런데..

남: 그래? ③그럼 낮에 가는 게 좋은 거야?

여: 응. 그럼 그걸로 살게.

여자는 어느 티켓을 삽니까?

正答 3

①에서 금요일과 일요일에는 가지 않는다
는 것을 알 수 있고, ②에서 밤이 아닌 것이
좋다는 것을 알 수 있다.

③에서 낮이 좋다는 결론을 내렸다.

> **✏ まとめて覚えよう**
>
> Xだって는 'X라는 뜻이다'의 회화체
> 표현이다.

お店で女の人が店の男の人と話しています。女の人はいくら払いますか。

M：いらっしゃいませ。今週は特別割引期間で50％お安くなっております。

F：ふうん。え？　①半分になってこの値段？じゃ、これ、もとは1万円もしたの。

M：ええ、人気商品でございますので。あ、お客様。もし、②当店のお客様カードをお持ちでしたら、さらに、1,000円お安くいたしますが。

F：あ、持ってる、持ってる。これでしょ？　あ、そう。そういえば、私、前ここで買ったとき、1,000円引きカードっていうのをもらったんだけど…。これ使ったら、また1,000円安くなるんでしょ？

M：申し訳ありません。③それは、割引期間にはお使いになれないんですよ。

F：そうよね。でも、買う。じゃあ、結局いくら払えばいいかというと…。

女の人はいくら払いますか。

스크립트 번역

가게에서 여자가 남자 점원과 이야기하고 있습니다. 여자는 얼마를 지급합니까?

남: 어서 오세요. 이번 주는 특별 할인 기간이라 반값에 드리고 있습니다.

여: 음~, 어?①50%할인인데 이렇게 비싸요? 그럼, 이게 원래는 10,000엔씩이나 했던 거네.

남: 네, 인기 상품이라서요. 근데, 손님. 혹시 ②저희 가게 고객카드 가지고 계시면 1,000엔 더 할인해 드립니다만.

여: 어, 있는데. 이거 맞죠? 아, 맞다. 그러고 보니 생각났는데 전에 제가 여기서 물건 샀을 때 1000엔 할인 카드라는 걸 받았는데요..이거 사용하면 1000엔 더 싸지

는 거에요?

남: 죄송합니다만, ③그 카드는 할인기간 중에는 사용하실 수가 없습니다.

여: 그렇지요? 그래도 사야지. 그럼 결국 얼마를 내야 하지?

여성은 얼마를 지급합니까?

正答3

①에서 10,000엔짜리 물건이 5000엔이 된다는 것을 알 수 있고 ②에서 1000엔이 더 싸진다는 것을 알 수 있다. ③에서 1000엔 할인카드는 이번에는 쓸 수 없다는 것을 알 수 있기 때문에 4000엔 지급하면 된다.

女の学生が、男の先生と電話で話しています。学生は、いつまでにレポートを出しますか。

M：はい。

F：あ、先生、私、現代史の授業を取っている鈴木といいます。あの、あした、10日締め切りのレポートのことで、今、よろしいでしょうか。

M：どうしたんですか？

F：私、昨日から熱を出してしまって、それで、締め切りを延ばしていただけないでしょうか。

M：じゃあ、🔑①11日に出してくれる？

F：11日って、あさってですよね。実は熱で全然レポート進んでなくて…。13日じゃだめですか？せめて12日に…。

M：でも、🔑②ほかの学生には厳しく締め切りを決めているんだから、これ以上は延ばせないよ。だって、あなた、熱を出さなかったとしても、昨日と今日、2日しかなかったわけでしょ。

F：…わかりました。

学生は、いつまでにレポートを出しますか。

스크립트 번역

여학생이 남선생님과 전화로 이야기를 하고 있습니다. 학생은 언제까지 리포트를 내야 합니까?

남: 네.

여: 선생님, 저는 현대사 수업을 듣고 있는 스즈키라고 합니다. 저기, 내일, 그러니까 10일이 제출기한인 리포트 때문에 전화 드렸는데요, 지금 통화 괜찮으세요?

남: 무슨 일이지요?

여: 제가 어제부터 열이 나서요. 그래서 제출기한을 좀 미뤄주시면 안될까 싶어서요.

남: 그럼 ①11일에 제출할래요?

여: 11일이면 내일 모레지요? 실은 열 때문에 전혀 리포트

진도가 안 나가서요…. 13일날 내면 안될까요? 안되면 12일에라도……

남: 하지만, ②다른 학생들한테는 엄격하게 제출기한을 정했기 때문에 더 이상은 늦춰 줄수 없어. 자네, 열이 안 났다고 해도 어제하고 오늘, 이틀밖에 없었던 거잖아.

여: 알겠습니다.

학생은 언제까지 리포트를 제출합니까?

正答 2

1　10일까지 (×)

　원래 제출기한이다.

2　11일까지 (○)

　선생님은 ①에서 11일이라고 말했고, 더 늦춰달라는 학생의 부탁을 ②에서 거절하고 있다.

3　12일까지 (×)

　학생이 13일이 안 되면 그 대신 해달라고 했던 날이다.

4　13일까지 (×)

　학생이 연기를 부탁했던 날이다.

문제2에서는 우선 질문을 들으세요. 그 다음에 문제지의 선택지를 읽으세요. 읽을 시간이 있습니다. 그 후 대화를 듣고 문제지 1에서 4 중에서 올바른 답을 하나 고르시오.

1番 A-06

病院から帰ってきた男の人が女の人と話しています。男の人は何が不満だと言っていますか。

F：おかえり。どうだった？　新しい病院。

M：若い先生だったよ。

F：なんかいやなことあった？　あ、その先生、経験がなさそうで、信頼できないってことね？

M：いや、それはいいんだ。専門の医者だったし。でも、①なんか冷たくてさ。

F：話をちゃんと聞いてもらえなかったんだ。

M：うーん。それも聞いてくれたよ、一応ね。②でも、あっちの言い方がね。③そんな話し方しなくてもいいのに、って感じで、なんか気分悪くなって。

F：へえ。専門の知識があっても、それじゃあね。別の病院にしたら？

男の人は何が不満だと言っていますか。

스크립트 번역

병원에서 돌아온 남자와 여자가 이야기하고 있습니다. 남자는 무엇이 불만이라고 말하고 있습니까?

여: 갔다 왔어? 어땠어? 새로 간 병원.

남: 젊은 선생님이었어.

여: 뭐 안 좋은 일이라도 있었어? 아, 그 선생님이 경험이 없어 보여서 신뢰를 못하겠다는 거구나?

남: 아니, 그건 상관 없어. 전공 의사니까. 근데 ①왠지 사람이 차가워.

여: 이야기를 제대로 안 들어 줬구나?

남: 음~, 얘기도 어느 정도 들어 줬어. ②근데 그 선생 말투가 영. ③그런 식으로 말하지 않아도 될텐데라는 느낌이

들어서 왠지 기분이 나쁘더라고.

여: 그래? 아무리 전공 지식이 있어도 그렇지, 그러면 안 되지.. 다른 병원으로 가는 게 어때?

남자는 무엇이 불만이라고 말하고 있습니까?

正答 1

1　의사의 말투가 차가웠던 점(○)

　①에서 남자는 의사가 냉정하다고 느꼈다는 것을 알 수 있고, ②③에서 말투에 불만을 가지고 있다는 것을 알 수 있다.

2　의사가 젊어서 신뢰할 수 없었던 점 (×)

　여자가 신뢰가 안 가냐고 물어본 것에 대해 부정하고 있다.

3　의사가 이야기를 들어주지 않았던 점 (×)

　이야기는 들어 주었다.

4　의사의 전공이 맞지 않았던 점 (×)

　전공 의사였다고 말하고 있다.

✏ 묶어서 외우자

それはいい는 이 대화에서는 그것은 충분하다, 문제라고는 생각하지 않는다는 의미가 된다.

男の人と女の人が、旅行について話しています。男の人は旅行に行かない一番の理由は何だと言っていますか。

F：今度の旅行、いらっしゃらないんですか。

M：それが、最近、うちは犬を飼い始めちゃったんですよ。うち、家族は夫婦2人だけだし、2人で出かけると、犬の世話ができなくてね。

F：駅前のペットショップは？　旅行中預かってくれるって聞きましたけど。

M：あそこは、いっぱいらしいですよ。それより、うちの犬ね、まだ小さいから、人に預けたくないんです。

F：そうですね、小さいうちは可愛いですから、離れたくないでしょう。

M：うう、🔑①離れたくないのは私じゃなくて、近くに住んでるうちの孫でね。🔑②毎日、小学校の帰りに見に来るんですよ。🔑③一緒に散歩に連れて行ったりしてね。はっはは。

F：まあ、可愛いのはそちらの方でしたか。

男の人は旅行に行かない一番の理由は何だと言っていますか。

스크립트 번역

남자와 여자가 여행에 대해서 이야기하고 있습니다. 남자는 여행에 가지 않는 가장 큰 이유는 무엇이라고 말하고 있습니까?

여: 이번 여행, 안 가세요?

남: 그게, 최근에 저희가 강아지를 키우기 시작했거든요. 우리 가족은 부부 2명뿐이고 2명 다 외출하면 강아지를 돌볼 수가 없어서요.

여: 역 앞에 있는 애완동물 가게에 맡기면 되지 않아요? 여행 중에는 맡아준다는 얘기 들었거든요.

남: 거기 꽉 찼대요. 그보다도 우리 강아지가 아직 어려서 남에게 맡기고 싶지가 않아서요.

여: 그것도 그렇겠네요. 어릴 때는 귀여우니까 떨어져 있고 싶지 않죠.

남: 어, ①제가 아니고요, 근처에 사는 우리 손자가 떨어지기 싫어해요. ②매일 초등학교 수업 끝나고 집에 가는 길에 보러 오거든요. ③같이 강아지 산책도 시키고 해요. 하하하.

여: 아, 귀엽다는 것이 그쪽이었군요.

남자는 여행에 가지 않는 가장 큰 이유는 무엇이라고 말하고 있습니까?

正答 2

1　강아지를 맡길 수 없었기 때문에 (×)

애완동물 가게가 꽉 차긴 했지만, 그것보다는 맡기고 싶지 않기 때문이라고 말하고 있다.

2　손자가 강아지를 보러 오기 때문에 (○)

①~③에서 남자가 매일 오는 손자가 귀여워서 여행에 가지 않는다는 것을 알 수 있다.

3　강아지를 남에게 맡기고 싶지 않기 때문에 (×)

강아지를 맡기고 싶지 않다고 말하고 있지만, 사실 남자는 강아지를 보러 오는 손자랑 떨어져 있기 싫은 것이다.

4　손자가 강아지를 데리고 가기 때문에 (×)

③은 남자가 손자와 함께 강아지를 산책에 데리고 나간다는 의미이다.

第1回

聴解

妹のピアノの発表会で、兄とお母さんが、妹の演奏について話しています。お母さんはどうして怖い顔をしていますか。

M：お母さん、ゆう子、上手に演奏したのに、さっきからどうして怒ってるの？　演奏、何か失敗した？

F：え？　うん。ちょっと失敗したね。でも、別に怒ってないわよ。

M：だって、怖い顔してるよ。あ、さっき、話してた人に何か言われた？　何て言われたの？

F：え？　ああ、おたくのピアノ、きっといいピアノなんでしょうねえ、なんて言われたけど。そんなことで怒らないって。いいピアノを使うだけで誰でも上手になるなら、楽よねえ。笑っちゃうわよ。

M：そうだよね。ピアノがいいからじゃなくて、ゆう子が、一生懸命練習したんだよね。

F：そうよ。🔧①ほんとによくがんばった。🔧②そう思うと、涙が出てくる…。🔧③でも、泣いちゃだめでしょ。🔧④ゆう子がここに来たら、笑って一緒に喜んであげなきゃね。

M：…でも、お母さん、無理に笑ってる顔、怖いよ。

お母さんはどうして怖い顔をしていますか。

여동생의 피아노 발표회에서 오빠와 엄마가 여동생의 연주에 대해서 이야기 하고 있습니다. 엄마는 왜 화난 얼굴을 하고 있습니까?

남: 엄마, 유코, 연주 잘 하고 있는데 아까부터 왜 화났어? 연주, 뭐 실수 했어?

여: 어? 응, 조금 실수를 하긴 했지. 그렇지만 특별히 화난 거 아닌데.

남: 얼굴이 굳어 있잖아. 조금 전에 이야기했던 사람한테 무슨 소리 들었어? 뭐라는데?

여: 어? 아, 우리 집 피아노 분명히 좋은 피아노일 거라는데. 그런 일로 화내지 않아. 좋은 피아노 사용하는 것만으로 누구나 다 실력이 는다면 그렇게 쉬운 게 어디 있어. 웃기고 있어, 정말.

남: 당연하지. 피아노가 좋아서가 아니라 유코가 열심히 연습한 거지.

여: 그럼. ①진짜 열심히 했지. ②그 생각하면 눈물이 나. ③울면 안 되지. ④유코가 여기에 왔을 때 같이 기뻐해 줘야지.

남: 근데, 엄마 억지로 웃는 얼굴, 무서워.

엄마는 왜 화난 얼굴을 하고 있습니까?

正答 2

1　안 좋은 얘기를 들었기 때문에 (×)

　무슨 얘기 들었다고 해서 화를 내지는 않는다고 말하고 있다.

2　울음을 참고 있기 때문에 (○)

　①~④에서 엄마가 딸이 열심히 연습한 생각을 하면 눈물이 날 것 같아, 울지 않고 웃으며 딸을 맞이하려고 하는 것을 알 수 있다. 그 때문에 화난 얼굴로 보이는 것이다.

3　딸이 연주에서 실수를 했기 때문에 (×)

　연주에 약간의 실수는 있었지만 화는 안 났다고 말하고 있다.

4　웃음을 참고 있기 때문에 (×)

　③에서 엄마가 눈물이 나려고 한다는 것을 알 수 있다.

✏ **まとめて覚えよう**

「笑っちゃう」는 심하다, 어이 없다는 느낌으로, 문제될 것이 없다고 할 때 회화에서 사용하는 표현이다.

4番 CD A-09

ラジオでアナウンサーが国際交流のイベントについて話しています。このパーティーに参加できるのは、どんな人ですか。

> F：市役所からのお知らせです。今月の28日、日曜日、市役所前広場で、「お隣さんパーティー」をひらきます。同じ地域に住んでいる人、顔は知っているけれど、なかなか話す機会がありません。この機会に、お友達になりましょう。🔑①この町に住んでいる方なら、誰でも参加できます。もちろん、外国の方も、日本人の知り合いを作るチャンスです。通訳も来ますから、日本語が話せなくてもだいじょうぶ。えー、🔑②この町に住んでいないけれど、この町で働いている方。今回はご参加いただけませんが、次にはもっと大きなパーティーにしますから、楽しみにしていてくださいね。

このパーティーに参加できるのは、どんな人ですか。

스크립트 번역

라디오에서 아나운서가 국제교류 이벤트에 대해서 이야기하고 있습니다. 이 파티에 참가할 수 있는 것은 어떠한 사람입니까?

여 : 시청에서 알려드립니다. 이번 달 28일, 일요일에, 시청 앞 광장에서 '이웃 파티'를 엽니다. 같은 지역에 사는 사람과 얼굴은 알지만 좀처럼 대화할 기회가 없습니다. 이 기회에, 친구가 되어 보시는 것은 어떨까요? ① 이 지역에 살고 계신 분이라면 누구라도 참가하실 수 있습니다. 물론 외국 분들한테도 일본인 친구를 만들 수 있는 좋은 찬스입니다. 통역도 있으므로 일본어를 못해도 괜찮습니다. 그리고 ② 이 지역에 살고 있지는 않지만 이곳에서 일을 하고 계신 분. 이번에는 참가하실 수 없지만, 다음에는 더 큰 파티를 열 예정이오니 기대하세요.

이 파티에 참가할 수 있는 것은 어떠한 사람입니까?

1 이 지역에 살고 있는 외국인만

2 이 지역에서 일을 하고 있는 사람만

3 이 마을에 살고 있는 사람만

4 이 마을에 살고 있는 일본인만

正答 3

①에서 일본인도 외국인도 참가할 수 있다는 것을 알 수 있다. ②에서 이 지역에 살고 있지 않은 사람은 이번 파티에는 참가할 수 없다는 것을 알 수 있다.

講演会で、講師が上手な会話について話しています。
上手に会話を続けるためには、何が大事だと言っていますか。

F：会話が苦手だと思っている人、いらっしゃいますよね。何を話していいかわからないっていう人。話題を作るために、テレビや雑誌を一生懸命見て勉強している人もいます。でも、①簡単に会話上手になる方法があるんです。②それは、相手の話をよく聞くことです。そうすれば、相手があなたに心を開いて、自然に話が続きます。そうそう、会話が得意だと思っている人の中には、自分のことばっかり話す人がいますよね。そういう人は相手の心を開くことができなくなってしまうんです。それじゃ、会話とは言えませんね。

上手に会話を続けるためには、何が大事だと言っていますか。

스크립트 번역

강연회에서 강사가 원활한 대화에 대해 이야기하고 있습니다. 원활한 대화를 지속하기 위해서는 무엇이 중요하다고 말하고 있습니까?

여: 남들과 대화하는 것이 힘들다고 생각하시는 분 계시지요? 무슨 이야기를 해야 할지 모르겠다는 사람. 이야깃거리를 만들기 위해 텔레비전이나 잡지를 열심히 보며 공부하는 사람도 있습니다. 하지만, ①아주 쉽게 대화를 잘 하게 되는 방법이 있습니다. ②그것은 바로 상대방의 이야기를 잘 듣는 것입니다. 그렇게 하면 상대방이 당신에게 마음을 열게 되므로 자연스럽게 대화가 지속됩니다. 그렇습니다. 대화를 잘 한다고 생각하는 사람 중에는 자기 이야기만 하는 사람들이 있지요? 그런 사람은 상대방의 마음을 열 수 없게 됩니다. 그래서는 대화라고는 할 수 없습니다.

원활한 대화를 지속하기 위해서는 무엇이 중요하다고 말하고 있습니까?

正答 4

1　이야깃거리를 준비해 두는 것 (×)

　이야깃거리를 만들기 위해 준비하고 있는 사람도 있다는 말은 하고 있지만, 더 좋은 방법을 소개하고 있다.

2　확실하게 이야기하는 것 (×)

　확실하게 이야기하는 것에 대해서는 전혀 언급하고 있지 않다.

3　자신에 대해 이야기 하는 것 (×)

　자신에 대한 이야기만 하는 것은 대화가 아니라고 말하고 있다.

4　상대방의 이야기를 잘 듣는 것 (○)

　①②에서 알 수 있다.

先生が今度のテストについて話しています。先生は新聞のテストをする一番の理由は何だと言っていますか。

M：来週、新聞テストというテストをします。あしたの朝、新聞を配りますから、それを勉強してください。🔑①みなさんふだん新聞を読まないから、読むだけでも大変でしょう。えー、内容は、要するに漢字テストです。最近、コンピューターを使うから、手で字を書かなくなって、せっかく覚えた漢字が書けなくなってるでしょう？　テスト勉強で思い出してください。それから、新聞には、漢字の言葉がたくさん出てくる。読めない漢字も多いと思う。言葉の勉強になりますよ。で、🔑②そういう勉強を通して、新聞を読むことに慣れてほしいんです。やっぱり新聞が読めなければ社会に出たときに困りますからね。

先生は新聞のテストをする一番の理由は何だと言っていますか。

스크립트 번역 ┄┄┄┄┄┄┄┄┄┄┄┄

선생님이 이번 테스트에 대해서 이야기하고 있습니다. 선생님은 신문테스트를 하는 가장 큰 이유는 무엇이라고 말하고 있습니까?

남: 다음 주에, 신문테스트라는 테스트를 보겠습니다. 내일 아침에 신문을 나눠줄 테니까 그 신문을 공부하기 바랍니다. ①여러분들은 평소에 신문을 읽지 않기 때문에 읽는 것만으로도 힘들 겁니다. 어~, 내용은 간단히 말하면 한자 테스트입니다. 최근에는 컴퓨터를 사용하기 때문에 손으로 글자를 쓰지 않게 돼서 기껏 외운 한자를 쓸 수 없게 됐죠? 테스트 공부를 통해 다시 떠올리기 바랍니다. 그리고 신문에는 한자로 된 말이 많이 나옵니다. 못 읽는 한자도 많을 거예요. 단어 공부가 될 겁니다. ②그러한 공부를 통해 여러분들이 신문을 읽는

것에 익숙해졌으면 좋겠습니다. 역시, 신문을 못 읽으면 사회에 나갔을 때, 곤란해지거든요.

正答 1

1　신문 읽는 것에 익숙해지기를 바라기 때문에 (○)

　①에서 말한 대로 학생이 신문을 읽지 않기 때문에 ②와 같은 목적으로 테스트를 보는 것이다.

2　한자 읽는 법을 익히길 바라기 때문에 (×)

　이 테스트를 통해 공부하기를 바라는 것 중 하나이지만 가장 큰 이유는 아니다.

3　사회에 대해서 공부하기를 바라기 때문에 (×)

　사회에 나갔을 때의 일에 대해서는 말하고 있지만 사회에 대해서 공부한다는 말은 하지 않았다.

4　잊어버린 한자를 다시 생각해 내기를 바라기 때문에 (×)

　이 테스트를 통해 공부하기를 바라는 것 중 하나이지만 가장 큰 이유는 아니다.

問題3

문제3에서는 문제지에 아무것도 인쇄되어 있지 않습니다. 우선, 이야기를 들으세요. 그 후 질문과 선택지를 듣고 1에서 4중에서 올바른 답을 하나 고르시오.

正答2

1　학생식당의 메뉴가 바뀌었다는 것 (×)

　　메뉴가 바뀌었다는 것은 모두의 의견을 모아서 제출한 결과이고, 학생회 활동의 예이다.

2　학생회가 위원을 모집하고 있다는 것 (○)

　　이 방송에서 가장 전하고 싶은 것은 ①이다.

3　학생회실이 본관 3층에 있다는 것 (×)

　　활동 모습을 보러 오게 하기 위해서 학생회실의 장소를 전하고 있다.

4　학생회가 학생의 의견을 모으고 있다는 것 (×)

　　현재 의견을 모으고 있는 것이 아니다.

1番　　A-12

学生会の人が、校内放送で話しています。

F：学生会です。先日、みなさんから、学生食堂にどんなメニューを出してほしいか、意見を集め、それを、食堂に提出しましたが、ご存じのように、その結果、メニューが3種類も増えました。学生会では、このように、学生のみなさんの意見を、学校のさまざまなことに反映させる活動をしています。①こんな学生会に、あなたも参加しませんか？　学生会では、新しい委員を募集しています。学生会室は、本館3階にあります。一度、活動の様子を見にきてください。以上、学生会でした。

何を伝える放送ですか。

1　学生食堂のメニューが変わったこと
2　学生会が委員を募集していること
3　学生会室が本館の3階にあること
4　学生会が学生の意見を集めていること

스크립트 번역

학생회 사람이 교내 방송을 통해 이야기하고 있습니다.

여: 학생회입니다. 얼마 전에 여러분들로부터 학생식당에 어떠한 메뉴가 있었으면 좋겠다고 하는 의견을 모아서 식당에 제출했는데요, 아시다시피 그 결과, 메뉴가 3종류 늘었습니다. 학생회에서는 이렇게, 학생 여러분들의 의견을 학교의 다양한 분야에 반영시키는 활동을 하고 있습니다. ①이런 학생회에 여러분도 참가하지 않겠습니까? 학생회에서는 새로운 위원을 모집하고 있습니다. 학생회실은 본관 3층에 있습니다. 한 번, 활동하는

お店の人が話しています。

> F：今日は、こちらのボールペンをご紹介しております。なんと🔧①このボールペン、上に向けても書けるんです。もちろん、🔧②横にしても書けます。たとえば、壁に紙をあてて字を書いたりすることって、けっこうあるでしょう。そんなとき、ふつうのボールペンだと、すぐにインクが出なくなってしまい、書きにくくて使えませんでした。でも、このボールペンは違うんです。🔧③どんな向きにしても、どんどん書けるんです。色も12色用意しておりますので、さまざまな色をお楽しみいただけます。いかがですか？

このボールペンのいいところは何だと言っていますか。

1　どんなものにも書けること
2　インクがなくなりにくいこと
3　いろいろな色があること
4　どんな向きにしても書けること

스크립트 번역

가게 사람이 이야기하고 있습니다.

여: 오늘은 이 볼펜을 소개 드리고 있습니다. 놀랍게도 ①이 볼펜은 위쪽으로 해도 글씨를 쓸 수 있습니다. 물론 ②옆으로 뉘어도 쓸 수 있습니다. 예를 들면, 벽에 종이를 대고 글씨를 쓰는 일 꽤 있잖아요? 그럴 때 일반 볼펜은 금방 잉크가 나오지 않게 돼서, 쓰기 불편해서 사용할 수 없었습니다. 그러나 이 볼펜은 다릅니다. ③어떤 방향으로 해도 계속해서 쓸 수 있습니다. 색깔도 12색깔 준비되어 있기 때문에 다양한 색을 즐기실 수 있습니다. 어떠세요?

이 볼펜의 장점은 무엇이라고 말하고 있습니까?

正答 4

1　어떤 데에도 쓸 수 있는 점 (×)

　　벽에 종이를 대고 글씨를 쓴다는 말은 하고 있지만, 벽에 글씨를 쓰는 것은 아니다.

2　잉크가 잘 닳지 않는다는 점 (×)

　　옆으로 뉘어서 쓸 때, 보통 볼펜의 잉크는 잘 안 나오게 되지만, 그것은 잉크가 다 닳았기 때문이 아니다.

3　여러 가지 색깔이 있는 점 (×)

　　여러 가지 색깔은 있지만 이 볼펜만 그런 것이 아니다.

4　어떤 방향으로 해도 쓸 수 있는 점 (○)

　　①②③에서 알 수 있다.

講演会で講師がお見舞いについて話しています。

F：お友だちが病気やけがで入院したら、お見舞いに行かないと悪い、と思う方が多いでしょう。ですが、本当にそうなんでしょうか。お見舞いに来られるのがいやだから、入院したことを秘密にする人もいるぐらいですから、①行かない方がいいこともあるんです。大事なのは、相手がどうしてほしいと思っているかです。病院は退屈なところですから、ぜひ、お見舞いに来て話し相手をしてほしいと思っている人もいます。②どうしてほしいと思っているか、家族の方や、先にお見舞いに行った人に、聞いてみるといいですね。

講師は、お見舞いについてどう言っていますか。

1 　できれば行かない方がいい
2 　どんなときも行った方がいい
3 　様子を聞いて行った方がいい
4 　秘密にして行った方がいい

스크립트 번역

강연회에서 강사가 문병에 대해 이야기하고 있습니다.

여: 친구가 병에 걸리거나 다쳐서 입원하면, 문병 안 가면 미안하다는 생각을 하는 분이 많지요. 하지만, 정말 그럴까요? 문병 오는 게 싫어서 입원했다는 사실을 비밀로 하는 사람도 있을 정도니까 ①안 가는 편이 좋은 경우도 있는 것입니다. 중요한 것은 상대방이 어떻게 하기를 원하느냐 입니다. 병원은 따분한 곳이기 때문에 꼭 문병 와서 말상대를 해줬으면 좋겠다고 생각하는 사람도 있습니다. ②어떻게 해 주길 바라는지, 가족이나 먼저 문병 갔다 왔던 사람에게 물어 보는 것이 좋습니다.

강사는 문병에 대해 어떻게 말하고 있습니까?

正答 3

1 　가능하면 안 가는 것이 좋다 (×)

왔으면 하고 생각하는 사람도 있다고 말하고 있다.

2 　언제라도 가는 편이 낫다 (×)

①과 같은 경우도 있다고 말하고 있다.

3 　상황을 듣고 가는 편이 낫다 (○)

①②에서 알 수 있다.

4 　비밀로 하고 가는 편이 낫다 (×)

비밀로 하는 것은 입원한 사람 쪽이다. 문병 가는 사람을 말하는 것이 아니다.

4番 🎧 A-15

講演会で男の人が話しています。

> M：少し前に、りんごを食べるとやせるというダ
> イエットがはやりましたね。女性はそういう
> のが大好きですから、みんなりんごダイエッ
> トをしていました。しかし、1つの物ばか
> り食べるのは、健康にはよくないです。もち
> ろん、食べないのもよくない。食べないでや
> せようとすると、そのときはやせるんですが、
> 後で、太りやすい身体になってしまうんで
> す。運動をするのも大事ですが、実は、運動
> ではあんまりやせないことがわかっていま
> す。体重を毎日測って、食べ過ぎないように
> 気をつけ、適当に運動もする。🔑①時間がか
> かりますが、健康的だし、結局、それが一番
> 効果があって、早いんです。

男の人は、ダイエットのどんなことについて話して
いますか。

1　女性のダイエット
2　効果がないダイエット
3　健康的なダイエット
4　ダイエットの種類

스크립트 번역

강연회에서 남자가 이야기하고 있습니다.

남: 얼마 전에, 사과를 먹으면 살이 빠진다는 다이어트가
있었지요? 여성은 그런 것을 매우 좋아하기 때문에 모
두 사과 다이어트를 했었습니다. 하지만, 한 가지만 먹
는 것은 건강에 좋지 않습니다. 물론, 안 먹는 것도 좋
지 않습니다. 안 먹으면서 살을 빼려고 하면 그 때는 살
이 빠집니다만, 나중에 살이 찌기 쉬운 몸으로 바뀌어
버립니다. 운동을 하는 것도 중요합니다만, 실은 운동
으로는 별로 살이 빠지지 않는다는 것이 밝혀졌습니다.

체중을 매일 재고, 과식하지 않도록 주의하며
적당히 운동도 합니다. ①시간이 걸립니다만,
건강에 좋고, 결국 그것이 가장 효과적이고 빠
릅니다.

남자는 다이어트의 어떤 점에 대해서 이야기하고
있습니까?

正答 3

1　여성의 다이어트 (×)

　여성은 다이어트를 좋아한다는 말은 했
지만, 여성의 다이어트에 대한 이야기는
아니다.

2　효과가 없는 다이어트 (×)

　어떤 다이어트가 효과가 없는지, 부정하
기 위해 이 이야기를 하고 있다.

3　건강에 좋은 다이어트 (○)

　①에서 남자는 건강에 좋고 효과적인 다이
어트에 대해 이야기 하고 있음을 알 수 있
다.

4　다이어트의 종류 (×)

　①에서 건강에 좋고 효과가 있는 다이어
트에 대해서 이야기 하고 있음을 알 수 있
다.

第1回

聴解

<ruby>大学<rt>だいがく</rt></ruby>の<ruby>先生<rt>せんせい</rt></ruby>が<ruby>話<rt>はな</rt></ruby>しています。

M：じゃあ、<ruby>課題<rt>かだい</rt></ruby>のレポートについて<ruby>話<rt>はな</rt></ruby>します。えー、<ruby>今学期<rt>こんがっき</rt></ruby>、みなさんはいろいろな<ruby>企業<rt>きぎょう</rt></ruby>の<ruby>経営<rt>けいえい</rt></ruby>の<ruby>方法<rt>ほうほう</rt></ruby>について<ruby>勉強<rt>べんきょう</rt></ruby>しましたね。①<ruby>同<rt>おな</rt></ruby>じものを<ruby>作<rt>つく</rt></ruby>っている<ruby>会社<rt>かいしゃ</rt></ruby>でも、<ruby>組織<rt>そしき</rt></ruby>の<ruby>様子<rt>ようす</rt></ruby>が<ruby>違<rt>ちが</rt></ruby>ったりしましたよね。それで、レポートでは、そういう<ruby>比較<rt>ひかく</rt></ruby>をしてもらいたいんです。②<ruby>同<rt>おな</rt></ruby>じ<ruby>種類<rt>しゅるい</rt></ruby>の<ruby>仕事<rt>しごと</rt></ruby>をしている<ruby>会社<rt>かいしゃ</rt></ruby>2つを<ruby>選<rt>えら</rt></ruby>んで、どんなふうに<ruby>違<rt>ちが</rt></ruby>うかについて<ruby>書<rt>か</rt></ruby>いてください。どんな<ruby>会社<rt>かいしゃ</rt></ruby>を<ruby>選<rt>えら</rt></ruby>んでもいいですよ。たとえば、<ruby>車<rt>くるま</rt></ruby>が<ruby>好<rt>す</rt></ruby>きなら、<ruby>車<rt>くるま</rt></ruby>の<ruby>会社<rt>かいしゃ</rt></ruby>を<ruby>選<rt>えら</rt></ruby>んでもいいです。ただね、<ruby>資料<rt>しりょう</rt></ruby>を<ruby>探<rt>さが</rt></ruby>すのが<ruby>大変<rt>たいへん</rt></ruby>だから、<ruby>有名<rt>ゆうめい</rt></ruby>な<ruby>会社<rt>かいしゃ</rt></ruby>を<ruby>選<rt>えら</rt></ruby>んだ<ruby>方<rt>ほう</rt></ruby>がいいですけどね。まあでも、<ruby>好<rt>す</rt></ruby>きなことなら、<ruby>苦労<rt>くろう</rt></ruby>をして<ruby>調<rt>しら</rt></ruby>べてみるのもいいでしょう。

<ruby>先生<rt>せんせい</rt></ruby>は、どんなレポートを<ruby>書<rt>か</rt></ruby>けと<ruby>言<rt>い</rt></ruby>っていますか。

1　<ruby>有名<rt>ゆうめい</rt></ruby>な<ruby>会社<rt>かいしゃ</rt></ruby>を<ruby>選<rt>えら</rt></ruby>ぶレポート

2　<ruby>好<rt>す</rt></ruby>きな<ruby>会社<rt>かいしゃ</rt></ruby>のことを<ruby>調<rt>しら</rt></ruby>べたレポート

3　ものを<ruby>作<rt>つく</rt></ruby>る<ruby>会社<rt>かいしゃ</rt></ruby>の<ruby>組織<rt>そしき</rt></ruby>のレポート

4　2つの<ruby>会社<rt>かいしゃ</rt></ruby>を<ruby>比較<rt>ひかく</rt></ruby>したレポート

스크립트 번역

대학교 교수님이 이야기를 하고 있습니다.

남: 자 그럼, 과제 리포트에 대해 이야기하도록 하겠습니다. 어, 이번 학기에 여러분들은 다양한 기업의 경영 방법에 대해서 공부를 했습니다. ①같은 제품을 만들고 있는 회사라도 조직의 모습이 다르거나 했지요? 따라서, 리포트에서는 그러한 비교를 여러분들이 해줬으면 합니다. ②같은 종류의 일을 하고 있는 회사 두 개를 골라 어떤 식으로 다른 지에 대해서 써 주세요. 어떤 회사를 골라도 상관 없습니다. 예를 들면, 자동차를 좋아한다면 자동차 회사를 선택해도 됩니다. 단, 자료를 찾기 가 쉽지 않으니까 유명한 회사를 선택하는 편이 좋긴 하겠지만. 뭐, 그렇지만 좋아하는 일이라면 고생하면서 조사해 보는 것도 괜찮은 일이겠지요.

선생님은 어떤 리포트를 쓰라고 했습니까?

<ruby>正答<rt>せいとう</rt></ruby> 4

1　유명한 회사를 선택해 쓰는 리포트 (×)

　자료를 찾기 위해서는 유명한 회사를 선택하는 편이 낫다고 말했을 뿐이다.

2　자신이 좋아하는 회사에 대해 조사한 리포트 (×)

　자동차를 좋아한다면 자동차 회사를 선택해도 좋다는 말은 했지만, 자신이 좋아하는 회사에 대해서 쓰라는 말은 하지 않았다.

3　제품을 만드는 회사의 조직에 관한 리포트 (×)

　①은 같은 제품을 만들더라도 회사의 조직은 다른 경우가 있다는 예이다.

4　2개의 회사를 비교한 리포트 (○)

　①②에서 알 수 있다.

✏️ **まとめて覚えよう**

たり는 보통, 「～たり～たりする」의 형태로 2번 반복해서 쓰는 경우가 많지만, 하나만으로 이것 이외에도 있다는 것을 나타내는 사용법도 있다.

문제4에서는 문제지에 아무것도 인쇄되어 있지 않습니다. 우선 문장을 들으세요. 그 후 그에 대한 대답을 듣고 1에서 3중에서 올바른 답을 하나 고르시오.

1番 CD A-17

M：さっきからちょっと①具合が悪くて、②熱っぽい気がする。

F：1　本当、今日は暑いね。

　　2　故障したんじゃない？

　　3　風邪ひいたんじゃない？

스크립트 번역

남: 좀 전부터 약간 ①몸이 안 좋아. ②열 나는 것 같아.

여: 1 정말, 오늘 덥네.

　　2 고장 난 거 아냐?

　　3 감기 걸린 거 아냐?

2番 CD A-18

F：すみません、写真1枚、撮らせてもらってもいいですか？

M：1　え、私の写真を撮ってくださるんですか？

　　2　あ、いいですよ。建物も入れて、写しましょうか。

　　3　あ、この前の写真ですね、いただいていいんですか？

스크립트 번역

여: 죄송한데요, 사진 한 장 찍어도 될까요?

남: 1 네? 제 사진을 찍어 주신다고요?

　　2 예, 좋습니다. 건물도 들어가게 찍읍시다.

　　3 아, 얼마 전에 찍은 사진이군요. 가져도 돼요?

正答3

①具合에는 몸 상태 또는 기계의 상태 등의 의미가 있는데 ②熱っぽい는 열이 나는 것처럼 느껴진다는 의미이므로 이 대화에서는 몸 상태에 대해서 이야기하고 있다는 것을 알 수 있다.

正答1

撮らせてもらってもいいですか는「撮る」의 사역 표현의 て형에「もらってもいいですか」가 붙은 형태로 허가를 요구하는「撮ってもいいですか(찍어도 됩니까)」의 공손한 표현이다. 그에 대한 답은「撮ってもいいです(찍어도 됩니다)」「撮らないでください(찍지 마세요)」등의 허가나 금지의 표현, 또는「撮ってもらえてうれしい」등, 상대방의 행동을 기뻐하는 표현이 좋다. 정답인 답변은 놀라면서 좋아하는 표현이다.

第1回

聴解

3番 ⓒⒹ A-19

M：ねえ、田中さん、結婚する🔑んだって。

F：1　へえ、その話、誰に聞いたの？

　　2　ええ？　結婚したいって言ってたのに。

　　3　だって、結婚するんだもん。

스크립트 번역

남: 야, 다나카 씨, 결혼한대.

여: 1 어, 그 이야기, 누구한테 들었어?

　　2 어? 결혼하고 싶다고 했었는데.

　　3 그거야, 결혼하니까 그렇지.

4番 ⓒⒹ A-20

F：あー、🔑もうこんな時間だ！

M：1　予定どおりの時間だね。

　　2　早く終わってよかったね。

　　3　思ったより時間かかったね。

스크립트 번역

여: 어? 벌써 시간이 이렇게 됐네.

남: 1 예정대로의 시간이네.

　　2 빨리 끝나서 다행이다.

　　3 생각보다 시간이 많이 걸렸네.

5番 ⓒⒹ A-21

M：今日は、お忙しいところ、🔑①おいで🔑②くださって、どうもありがとうございます。

F：1　あ、荷物を置いたのは私じゃないんです。

　　2　こちらこそ、ご招待、ありがとうございます。

　　3　まあ、そんなにお忙しかったんですか。

스크립트 번역

남:오늘, 바쁘신데 이렇게 ①와 ②주셔서 정말 감사드립니다.

여: 1 어? 짐을 놔 둔 것은 제가 아닙니다.

　　2 저야말로 초대해 주셔서 감사합니다.

　　3 그렇게 바빴어요?

正答1

　んだって는 회화에서 남에게 들어서 자기의 것이 된 정보를 남에게 전할 때 쓰는 표현이므로 이 대화에서는 정보를 어디에서 들었는지를 질문하는 대답이 맞다.

正答3

　もうこんな時間だ는 생각했던 것 보다 훨씬 시간이 경과 했을 때 쓰는 표현이다. 무엇인가에 집중을 하고 있다가 정신을 차리고 보니까 밤이 늦어졌을 때 등에 사용한다.

正答2

　①은 「来る(오다)」의 존경표현이고, ②는 상대방의 행동에 붙이는 존경표현이다. ①②는 来てくれて(와 줘서)의 의미로, 상대방의 행동에 대해 감사의 뜻을 표현하고 있다. 이 대화에서는 감사의 표현에 대해 자신도 감사의 뜻을 표하는 こちらこそ(저야말로)를 사용하고 있는 대답이 어울린다.

6番 🎧A-22

F：🔊さすが、人気のレストランだね。

M：1　期待したほどじゃなかったね。

　　2　何を食べてもおいしいね。

　　3　え？　どれが人気のレストラン？

여: 역시, 인기가 있는 레스토랑이군요.

남: 1 기대했던 만큼은 아니었다.

　 2 무엇을 먹어도 맛있네.

　 3 어? 어느 것이 인기 레스토랑이야?

7番 🎧A-23

M：マリアさんは合格する🔊に決まってるよ。

F：1　あんなに勉強してたもんね。

　　2　ええ？　もう決まったんですか？

　　3　合格してほしかったけどね。

남: 마리아 씨는 당연히 합격하지.

여: 1 참 열심히 공부했었지.

　 2 네? 벌써 결정됐어요?

　 3 합격 했으면 했는데.

8番 🎧A-24

F：心配で、🔊じっとしてられないの。

M：1　じっとしてなさいよ。

　　2　まあまあ、落ち着いて。

　　3　じっとしててもしょうがないよ。

여: 걱정돼서 가만히 있을 수가 없어.

남: 1 가만히 좀 있어.

　 2 괜찮아, 진정해.

　 3 가만히 있는다고 해결되니?

正答2

さすが는, 예상했던 대로 또는 평판 대로라는 의미로 좋은 평가를 나타낸다. 이 대화에서는 인기가 있다고 하는 평판 대로 음식이 맛있다고 하는 대답이 맞다.

正答1

Xに決まっている(당연히 X이다)는 말하는 사람이 X라고 확신하고 있음을 나타낸다. 남자가 마리아 씨가 합격할 것을 확신하고 있으므로 대답은 1이 맞다.

正答2

じっとして（い）られない(가만히 있을 수 없다)는 강한 감정으로 차분하고 조용히 있을 수가 없다는 의미이다.

第1回
聴解

9番　CD A-25

M：あの人　のことだから、忘れてるんじゃないの？

F：1　あ、これを忘れて行ったんだ。

　　2　私もあの人のこと忘れてた。

　　3　いつもそうだからね。

스크립트 번역

남: 그 사람 건망증이 심하니까, 잊어버린 거 아냐?

여: 1 아, 이것을 놔두고 갔구나.

　 2 나도 그 사람 잊고 있었어.

　 3 항상 그렇다니까.

Xのことだから는 말하는 사람도 듣는 사람도 잘 알고 있는 사람(X)에 대해서 X의 성격이나 평소의 행동으로 판단해서 무언가를 추측할 때 사용하는 표현이다. 이 대화에서는 '항상 깜빡하니까 이번에도 깜빡했을 것이다' 라는 의미의 대답이 맞다.

10番　CD A-26

F：私があんなこと言った　ばっかりに…。

M：1　きみはいつもしゃべってばっかりだからね。

　　2　そうだね、言葉には気を付けないとね。

　　3　さっき話したばかりだもんね。

스크립트 번역

여: 내가 그런 말 하는 바람에.

남: 1 너는 항상 떠들기만 하는구나.

　 2 그러게, 말은 항상 조심해야지.

　 3 그러게, 방금 말했잖아.

Xばっかりに(X하는 바람에) 'X가 원인으로 안 좋은 결과가 되었다' 는 의미로 유감스러운 기분을 나타낸다. 이 대화에서는 말하는 사람은 자신의 발언이 원인이 돼서 나쁜 결과가 됐다는 것을 후회하고 있다.

11番　CD A-27

M：あの子、子ども　のわりには難しい漢字を知ってるよね。

F：1　漢字って子どもには難しいからねえ。

　　2　子どもってみんなそうだよね。

　　3　大人よりよく知ってるぐらいだね。

스크립트 번역

남: 쟤, 애치고는 어려운 한자 알고 있네.

여: 1 한자란 게 아이한테는 어려우니까.

　 2 애가 다 그렇지, 뭐.

　 3 어른보다도 잘 아는 정도니까.

Xのわりには(X치고는)는 'X에 대해서 상식적으로 예상되는 것에 비하면' 이라는 의미로 기준보다 플러스가 되는 경우에도, 마이너스가 되는 경우에도 사용할 수 있다. 이 대화에서는 보통 아이들이 알고 있다고 생각되는 기준보다도 어려운 한자를 알고 있어서 대단하다는 의미이다.

F：まさかあのチームが優勝するなんてね。

M：1　あんなに弱かったのにね。

　　2　思ったとおりになったね。

　　3　ほんと、あのチーム強いからね。

스크립트 번역

여: 설마 저 팀이 우승을 하다니.

남: 1 그렇게 약했었는데 말이야.

　　2 생각대로 됐군.

　　3 진짜. 저 팀 강하니까.

正答 1

　まさか(설마)는 '예상하고 있지 않던 상황에 놀라는 것' 을 나타낸다. 이 대화에서는 약하다고 생각했던 팀이 우승한 것에 놀라고 있다.

✎ まとめて覚えよう

화에서는 **とは**가 **なんて**가 되며, 「思わなかった(생각하지 못했다)」는 생략되는 경우도 있다.

문제5에서는 긴 이야기를 듣습니다.

1番 A-29

우선 이야기를 들으세요. 그 후 질문을 듣고 각각의 문제지의 1에서 4중에서 올바른 답을 하나 고르시오.

男の人と女の人が、家の電話に残された伝言を聞いています。

F1：あ、さくらクリーニングです。えー、お客様のシャツのクリーニングができあがっておりますが、1か月、取りにいらっしゃいませんので、お電話いたしました。1週間以内にご来店ください。いらっしゃれない場合は、お電話でもけっこうです。営業時間は朝9時より午後7時までですので、はい。あー、もし、ご連絡いただけないと、持ち主なしってことで処理しちゃうことになってるんです。そうすると、もうお渡しできなくなっちゃうんで、よろしくお願いいたします。

M ：あ、忘れてた。もう今日の営業時間終わっちゃってるなあ。あしたからの旅行、2週間だしなあ。

F2：朝、8時に出発だしね。しょうがないよ。

M ：途中でどっかから電話するよ、あした。

F2：でも、この店の営業時間って、私たち、飛行機の中じゃない？

M ：じゃあ、①旅行先から、電話かける。

F2：②シャツ1枚のために、国際電話をかける気？

M ：③だって、あのシャツ気に入ってるんだよ。

質問1：男の人は、どうしますか。
質問2：女の人は、どうしたらいいと思っていますか。

스크립트 번역

남자와 여자가 집 전화에 녹음된 메시지를 듣고 있습니다.

여1: 어, 사쿠라 세탁소입니다. 고객님의 셔츠 세탁이 끝났습니다만, 한 달 동안 찾으러 오시지를 않아서 전화 드렸습니다. 일주일 내로 오시기 바랍니다. 오시지 못하는 경우에는 전화를 주셔도 됩니다. 영업시간은 오전 9시부터 저녁 7시까지입니다. 만일 연락을 주시지 않으면 주인 없음으로 처리하게 되어 있습니다. 그렇게 되면 셔츠를 드릴 수 없게 되오니, 연락 부탁 드립니다.

남 : 아~ 깜빡 했었다. 오늘은 이미 영업 시간 끝났네. 내일부터 2주 동안 여행가야 되고.

여2: 아침 8시에 집에서 나가야 되는데.. 할 수 없지, 뭐.

남 : 여행가는 길에 전화할게, 내일.

여2: 그렇지만 이 가게 영업시간은 우리들이 비행기 안에 있을 때 아니야?

남 : 그럼, ①여행간 곳에서 전화하지, 뭐.

여2: ②셔츠 1장 때문에 국제전화 걸 생각이야?

남: ③그 셔츠 내가 좋아하는 셔츠란 말이야.

質問1 남자는 어떻게 합니까?
正答3

1 바로 세탁소에 전화한다 (×)
　세탁소 영업 시간은 끝났다.

2 아침에 세탁소에 셔츠를 가지러 간다 (×)
　다음날 아침 출발시간은 세탁소 개점시간보다 이르다.

3 여행지에서 세탁소로 전화한다 (○)
　①에서 알 수 있다. 그 후, 여자가 반대해도 ③의 이유를 대며 생각을 바꾸지 않았다.

4 셔츠를 포기한다 (×)
　③에서 포기하지 않고 전화한다는 것을 알 수 있다.

正答 4

1　바로 세탁소에 전화한다 (×)

　세탁소 영업 시간은 끝났다.

2　아침에 세탁소에 셔츠를 가지러 간다 (×)

　다음날 아침 출발시간은 세탁소 개점시간보
다 이르다.

3　여행지에서 세탁소로 전화한다 (×)

　②에서 남자를 비난하고 있다.

4　셔츠를 포기한다 (○)

　②에서 남자를 비난하며 포기할 것을 돌려
말하고 있다.

2番 CD A-30

문제지에는 아무것도 인쇄되어 있지 않습니다. 우선 이야기를 들으세요. 그 후 질문과 선택지를 듣고 1에서 4중에서 올바른 답을 하나 고르시오.

大学生３人が話しています。

F１：あ、先輩。私、今年語学の授業取らないといけないんですけど、何がいいですか？ 先輩たち、何語をやったんですか？

F２：私はフランス語。あんまりすすめないな。会話の練習がなくて、話せるようにならなかった。だいたい、難しいんだもん。

M　：中国語も難しかったよー。漢字がさ、なんか似てるのに違うんだよね。

F１：どっちも難しいんですか。うーん。あとは…ドイツ語と韓国語…。

F２：韓国語は、今年、先生の研究活動で、授業ないって。

F１：え、そうなんですか？　じゃあ、ドイツ語ってどうなんだろう。

F２：友だちが取ってたけど、発音練習とか全然なくて、書くばっかりって言ってたかな。

M　：へえ。①中国語は発音ばっかり練習させられたよ。おかげで、少し話せるけどね。

F１：そうですか、やっぱり②話せるようになりたいなあ。先輩、もう少し詳しく教えてもらえますか。

M　：ああ、いいよ。

女の学生は、どの授業を取ろうと考えていますか。

1　フランス語
2　中国語
3　韓国語
4　ドイツ語

대학생 3명이 이야기하고 있습니다.

여1: 어, 선배님. 저, 올해 어학 수업 들어야 하는데요, 뭐가 좋아요? 선배님들께서는 어느 외국어 들으셨어요?

여2: 나는 프랑스어 들었어. 별로 권하고 싶진 않아. 회화 연습이 없어서 지금도 회화는 못해. 원래 어려우니까.

남 : 중국어도 어려웠어. 한자가, 뭔가 비슷한 거 같으면서도 다르다니까.

여1: 둘 다 어려워요? 음~, 남은 건 독일어하고 한국어인데……

여2: 한국어는 올해 선생님 연구 활동 때문에 수업 없대.

여1: 그래요? 그럼 독일어는 어떤가?

여2: 친구들이 들었었는데 발음 연습 같은 것은 하나도 없고, 쓰기만 한다던데.

남 : 그렇구나. ①중국어는 발음 연습만 시키더라고. 덕분에 말은 조금 할 수 있게 됐지만.

여1: 그래요? ②역시 말은 하고 싶은데. 선배님, 좀 더 자세히 좀 알려주시면 안돼요?

남 : 알았어.

여학생은 어느 수업을 들으려고 생각하고 있습니까?

正答2

1　프랑스어 (×)

　프랑스어는 회화를 할 수 있게 되지는 않는다고 말하고 있다. 이 학생은 ②에서 회화를 할 수 있게 되고 싶다고 말하고 있다.

2　중국어 (○)

　①에서 중국어는 회화가 가능하게 된다는 것을 알 수 있고 여학생은 ②를 보면 회화가 가능하게 되고 싶어하므로 중국어를 선택하려고 하고 있음을 알 수 있다.

3　한국어 (×)

　올해는 수업이 없다.

4　독일어 (×)

　독일어는 발음 연습이 없고 쓰기만 한다고 말하고 있다.

3番 CD A-31

문제지에는 아무것도 인쇄되어 있지 않습니다. 우선 이야기를 들으세요. 그 후 질문과 선택지를 듣고 1에서 4중에서 올바른 답을 하나 고르시오.

町を歩きながら家族3人が話しています。

F1：ねえ、お母さん、おなかすいた。あのお店でケーキ食べようよ。

F2：ええ？　もうコンサート会場に行かなきゃ。

F1：でも、コンサートの間って、何も食べられないでしょ？

M　：あの会場、ロビーに喫茶店がついてたんじゃない？　向こうで食べれば。

F2：だめ。ああいうところの喫茶店って、高いもん。

F1：だから、そこにあるお店なら、安いよ。

M　：そういえば、僕もちょっとおなかすいたな。

F1：ほら。お父さんもああ言ってるじゃない。

M　：あ、だけどね、別に喫茶店でなくてもいいんだ。そこのお菓子屋さんでお菓子を買って、コンサート会場のロビーで食べればいいんじゃないかな。

F2：ロビーも人が多くて座る場所があるかどうかわからないじゃない。

M　：この時間なら、まだあんまり人いないよ。

F2：わかった。すぐ買って来て。それから会場まで走るのよ！

家族はどうすることにしましたか。

1　近くの喫茶店でケーキを食べる
2　コンサート会場の喫茶店で何か食べる
3　お菓子を買って、ロビーで食べる
4　何も食べないでコンサートを聞く

길을 걸으면서 가족 3명이 이야기하고 있습니다.

여1：엄마, 배고파. 저 가게에서 케이크 먹자.

여2：뭐? 이제 콘서트 장에 가야 되는데.

여1：근데 콘서트 도중에는 아무것도 못 먹잖아.

남　：그 콘서트 장, 로비에 카페테리아 같은 거 있지 않았나? 거기서 먹는 건 어때?

여2：안돼. 그런 데 있는 카페테리아 비싸단 말이야.

여1：그러니까. 저 가게는 싸단 말이야.

남　：그리고 보니, 나도 좀 출출하네.

여1：거 봐. 아빠도 배고프다잖아.

남　：근데, 꼭 카페테리아가 아니더라도 되지 않나? 저기 있는 과자점에서 과자 사서 콘서트장 로비에서 먹으면 되지 않아?

여2：로비도 사람이 많아서 앉을 자리가 있을지 없을지 모르잖아.

남　：이 시간이라면 아직 사람 별로 없어.

여2：알았어. 빨리 사 와. 그리고 콘서트장까지 뛰는 거야!

가족은 어떻게 하기로 했습니까?

1 근처에 있는 카페테리아에서 케이크를 먹는다
2 콘서트장에 있는 카페테리아에서 무언가를 먹는다
3 과자를 사서, 로비에서 먹는다
4 아무것도 먹지 않고 콘서트를 듣는다.

正答 3

이야기의 흐름을 파악하자.

우선, 아이가 가게에서 케이크 먹자고 제안한다←엄마가 콘서트장 가야 한다며 반대한다. 이어서, 아빠가 콘서트장에 있는 카페테리아에서 먹을 것을 제안한다←엄마가 가격이 비싸다는 이유로 반대한다.

마지막으로, 아빠가 과자를 사서 로비에서 먹을 것을 제안한다←엄마는 사람이 많아서 앉을 수 있을지 없을지 모른다며 반대했다←아빠가 이 시간이라면 아직 사람들이 별로 안 왔을 거라고 말했기 때문에 서둘러 가서 콘서트장 로비에서 먹기로 했다.

대화에서는 소리가 변하거나, 짧고 말하기 편한 형태로 바뀌거나 하는 경우가 있다.

・行かなければ**ならない**→行か**なきゃ**

・行か**なくては**ならない→行か**なくちゃ**

＜第2回 실전모의테스트 정답표＞

言語知識（文字・語彙、文法）、読解 언어지식(문자・어휘, 문법), 독해

問題1					問題2					問題3				
1	2	3	4	5	6	7	8	9	10	11	12	13	14	15
4	2	3	1	2	4	1	3	1	2	2	4	2	1	4

問題4							問題5					問題6				
16	17	18	19	20	21	22	23	24	25	26	27	28	29	30	31	32
3	4	2	1	4	2	3	2	1	4	3	3	2	1	4	2	3

問題7												問題8				
33	34	35	36	37	38	39	40	41	42	43	44	45	46	47	48	49
1	2	4	3	3	1	2	1	4	2	1	3	2	4	4	3	4

問題9					問題10					問題11								
50	51	52	53	54	55	56	57	58	59	60	61	62	63	64	65	66	67	68
2	4	1	4	2	1	2	3	1	1	2	2	3	1	4	2	4	3	4

問題12		問題13			問題14	
69	70	71	72	73	74	75
1	1	2	3	1	4	1

聴解 청해

問題1					問題2						問題3				
1	2	3	4	5	1	2	3	4	5	6	1	2	3	4	5
4	2	1	2	4	1	3	2	3	1	3	1	2	4	1	2

問題4											
1	2	3	4	5	6	7	8	9	10	11	12
3	1	2	3	2	3	1	3	1	2	1	2

問題5			
1(1)	1(2)	2	3
1	2	4	1

文字・語彙

問題1 ________의 단어를 한자의 읽는 법으로 가장 적당한 것을 1·2·3·4에서 하나 고르시오.

| 1 | 正答4 | 세금을 <u>납부</u>하다. | 2 | 正答2 | 세계의 인구는 68억 명에 <u>달한다</u>고 한다. |

| 3 | 正答3 | 당신의 의견을 <u>존중</u>하고 싶다. | 4 | 正答1 | 그러면 내 <u>입장</u>이 곤란하다. |

5 正答2 지식을 <u>흡수</u>하다.

問題2 ________의 단어를 한자로 쓸 때, 가장 적당한 것을 1·2·3·4에서 하나 고르시오.

| 6 | 正答4 | 연장자를 <u>공경하</u>는 마음을 잊지 않도록 하고 싶다. | 7 | 正答1 | 새 빌딩을 <u>설계</u>하다. |

8 正答3 신제품의 매출(팔리는 모양)은 <u>순조</u>롭다.

9 正答1 그녀와 <u>헤어지고</u> 나서 누구와도 사귀지 않고 있다.

10 正答2 일본 자동차는 <u>성능</u>이 좋다.

問題3 (　　)에 들어갈 가장 적당한 것을 1·2·3·4에서 하나 고르시오

11 正答2 아들이 만화만 읽고 있어서, 결국 만화를 빼앗았다.

🔑 **取りあげる**는 '상대가 가지고 있는 것을 억지로 빼앗다' 라는 의미를 나타낸다.

例 警察官は犯人からナイフを**取りあげた**。 경찰은 범인으로부터 칼을 빼앗았다.

✏️ **まとめて覚えよう**

● **取りあげる**에는 '그 밖에 (의견 등을)받아들이다', '문제로 삼다' 등의 의미가 있다.

例 私の提案は会議で**取りあげ**られなかった。 내 제안은 회의에서 거론되지 않았다.

彼女は卒業論文で中国の人口問題を**取りあげる**つもりらしい。

그녀는 졸업논문에서 중국의 인구문제를 다룰 생각이라고 한다.

12 正答4 넘어져서 일어서지 못하고 있을 때, 마침 지나가던 사람이 도와주었다.

🔑 **かかる**는 동사**ます**형에 붙어 '마침 ～하다', '～할 뻔하다' 라는 의미를 나타낸다. **通りかかる**는 '때마침 그곳을 지나가다' 라는 의미이다.

例 海水浴をしていて、おぼれ**かかった**。 해수욕을 하고 있다가 빠질뻔했다.

✏️ **まとめて覚えよう**

● **かかる**에는, '어떤 동작을 무언가를 향해 한다' 라는 의미도 있다.

例 家の犬が急に隣の人に飛び**かかって**、けがをさせてしまった。

우리 개가 별안간 이웃집사람에게 달려들어 다치게 했다.

13 正答 2　　내일 아침 9시부터 담당자와의 미팅이 있다.

🔑　무언가의 준비를 위해 상담하는 것을 打ち合わせ라고 한다.

14 正答 1　　현 시점에서는 찬성이라고도 반대라고도 말할 수 없다.

🔑　現은, 명사 앞에 붙어 '지금의', '현재의' 라는 의미를 나타낸다.

例　現政権 현정권／現段階 현단계

✏ まとめて覚えよう

●当는 명사 앞에 붙어, '이', '우리들의' 라는 의미를 나타낸다.

例　当社 당사, 우리 회사／当店 당점, 우리 가게

15 正答 4　　결혼상대에게 고수입을 요구하는 여성이 많다.

🔑　高収入는 , 수입이 많다는 것을 의미한다.

問題4 (　　)에 들어갈 가장 적당한 것을 1・2・3・4에서 하나 고르시오.

16 正答 3　　다나카씨는 새 회사의 사장으로 취임했다고 한다.

🔑　就任은, 어떤 역할이나 지위에 오르는 것을 말한다.

例　大統領就任記念のパーティーに出席することになった。대통령취임기념파티에 참석하게 됐다.

✏ まとめて覚えよう

●'직업을 갖다' 라고 할 때는 就職란 단어를 쓴다.

例　大学4年生は就職活動で忙しい。대학4학년생은 취직활동으로 바쁘다.

17 正答 4　　교차로 가기 전, 첫 번째 모퉁이에서 우회전 해주세요.

🔑　手前는, 어떤 것을 기준으로 자신에게 가까운 쪽을 나타낸다.

例　夢が実現する一歩手前のところまで来ている。꿈이 실현되기 일보 직전까지 와있다.

✏ まとめて覚えよう

●直前은, 어떤 일이 일어나기 직전을 나타낼 때 사용한다.

例　テストが始まる直前にトイレに行きたくなって、困った。

시험이 시작되기 직전에 화장실에 가고 싶어 혼났다.

18 正答2 스웨터를 세탁했더니 줄어들어 입을 수 없게 됐다.

🔑 **ちぢむ**는, 길이나 크기가 짧아지거나, 작아지는 것을 나타낸다

例 びっくりして、寿命が**ちぢむ**思いがした。깜짝 놀라 수명이 단축된 느낌이 들었다.

19 正答1 저 선생님의 이야기는 너무 어려워서, 무슨 소린지 전혀 모르겠다.

🔑 **さっぱり**뒤에 부정의 표현이 와서 **全く／全然〜ない**라는 의미를 나타낸다.

例 鈴木君はこのごろさっぱり研究室に顔を見せなくなった。どうしたのだろう。

스즈키군은 요즘 전혀 연구실에 얼굴을 보이지 않는다. 무슨 일 있는 걸까.

> ✏️ **まとめて覚えよう**
>
> ● **さっぱり**는 '신경 쓰이던 것이 없어져 기분이 좋다' 라는 의미를 나타내는 경우도 있다.
>
> 例 髪を切って**さっぱり**した。머리를 잘라 개운하다.

20 正答4 5월에는 상쾌한 바람이 분다.

🔑 **さわやか**는 쾌적하고 기분이 좋은 모습을 나타낸다. 사람의 성격이나 모습을 나타내는 경우도 있다.

例 山田君には初めて会ったが、**さわやかな**青年だ。야마다군을 처음 봤는데, 상큼한 청년이다.

21 正答2 일단 하기로 결정했으면, 간단히 포기해서는 안 된다.

🔑 **いったん**은 뒤에 **〜と、〜たら、〜ば** 등의 표현이 이어져, 일단 그것이 시작되면 그것을 그만두거나 원 상태로 되돌릴 수 없다 라는 의미이다.

例 母は**いったん**しゃべりだすと、とまらない。엄마는 일단 말하기 시작하면 멈출 줄을 모른다.

22 正答3 추워졌으니까, 슬슬 스토브를 꺼내자.

🔑 **ストーブ**는 난방기구의 일송

問題5 _______단어의 의미가 가장 가까운 말을 1・2・3・4에서 하나 고르시오.

23 正答2 파란 하늘을 바라보고 있자, 왠지 여행가고 싶은 기분이 들었다.

🔑 **なんとなく**는 확실한 이유나 목적이 없는 것을 나타낸다.

24 正答1 친구와 유쾌하게 하루를 보냈다.

25 正答4 지각하지 않도록 재차 주의를 주었다.

🔑 **再三**는 두 번, 세 번, 몇 번이고라는 의미를 나타낸다.

26 正答3　작업종료 후, 즉시 보고해주세요.

27 正答3　무슨 일이 있어도, 평소와 똑같이 행동하세요.

問題6　다음 단어의 사용법으로서 가장 적당한 것을 1·2·3·4에서 하나 고르시오.

28 正答2　지금 상황에 불평만하면 아무것도 해결되지 않는다.

　🔑 不平은 납득할 수 없는 일, 불만을 나타낸다.

29 正答1　신제품의 샘플을 나눠줘서 소비자의 감상을 듣는다.

　🔑 견본을 サンプル라고 한다.

30 正答4　이 꽃은 아침에 피어서, 저녁 무렵에는 시들어 버린다.

　🔑 しぼむ는 풀이나 꽃 등이 수분을 잃어 쪼그라드는 것을 나타낸다. 또, 부풀어있던 것이 작아지는 것을 나타내는 경우에도 쓰인다.

　例　風船がしぼんでしまった。풍선이 쪼그라들어버렸다.

31 正答2　포기하지 않고 노력을 계속하는 그의 모습에 감동했다.

　🔑 感心する는 멋지다, 훌륭하다고 느껴 마음이 움직이는 것을 나타낸다.

> ✏️ まとめて覚えよう
>
> ●感心과 틀리기 쉬운 표현에 関心이 있다. 関心은 흥미라는 의미로 X〔명사〕に関心を持つ／がある라는 형태로 쓰인다.
>
> 例　私は日本の建築に関心がある。나는 일본의 건축에 관심이 있다.

32 正答3　만날 수 없다면, 적어도 목소리만이라도 듣고 싶다.

　🔑 せめて는 최소한의 희망을 나타낼 때 쓰인다.

　例　せめてあと一週間、夏休みがあればなあ。적어도 일주일 더, 여름휴가가 있었으면,,,

問題^{もんだい}7　다음 문장의 (　　)에 들어갈 가장 적당한 것을 1·2·3·4에서 하나 고르시오.

33　正答^{せいとう}1　간다고 약속했기 때문에, 가지 않을 수 없다.

🔑 X [동사ない형] ないわけにはいかない는 사회적 상식이나 습관으로부터 X를 해야 한다라는 의미를 나타낸다.

34　正答^{せいとう}2　그렇게 진흙투성이가 되었어. 어디서 논 거야.

🔑 X [명사] だらけ는, X가 상당히 많은 모습을 나타낸다. X에는 좋지 않은 것들이 온다.

35　正答^{せいとう}4

🔑 X [동사보통체／い형용사사전형／な형용사な] ものだ는 놀라거나 감탄했을 때의 마음을 감정을 담아서 말할 때 쓰인다.

> 🖊 **まとめて覚えよう**
>
> ● X [동사사전형／동사ない형＋ない／い형용사사전형 ／い형용사ない형＋ない／な형용사な／な형용사ない형＋ない] ものだ에는 '일반적으로는 X 이다' 는 의미도 있다.
>
> 例　若^{わか}いときは、誰^{だれ}でも冒険^{ぼうけん}をしたがる**ものだ**。
>
> 　　젊었을 때는 누구나 모험을 하고 싶어하는 법이다.
>
> ● X [동사た형／い형용사た형／な형용사た형] ものだ에는 '옛날에 X 했다, 했었지 (지금과는 다르다)' 는 의미도 있다.
>
> 例　学生時代^{じだい}、よくこの店^{みせ}でラーメンを食^たべた**ものだ**。 학창시절 자주 이 가게에서 라면을 먹었었지.

36　正答^{せいとう}3　어머님은 건강하십니까?

🔑 (X는) Y이다 라는 의미로, X에 경의를 표할 때는 「(Xは) Yでいらっしゃる」를 사용한다.

> 🖊 **まとめて覚えよう**
>
> ● **なさる**는 「する」의 존경어　例　社長^{しゃちょう}もゴルフを**なさる**んですか。 사장님도 골프를 하십니까?
> ● **おる**는 「いる」의 겸양어　例　母^{はは}は今^{いま}、家^{いえ}に**おりません**。 어머니는 집에 없습니다.
> ● **いたす**는 「する」의 겸양어　例　私^{わたし}が説明^{せつめい}を**いたし**ます。 제가 설명드리겠습니다.

37　正答^{せいとう}3　다른 급한 일이 있어서, 야마다 씨에게 부탁받은 일은 거절할 수밖에 없었다.

🔑 X [동사ない형] ざる*をえない는 그때의 상황 등으로부터 X를 할 수 밖에 없다고 하는 경우에 사용한다. ＊동사가 「する」일 때, 「せざる」라는 형태가 된다.

> 例　書類^{しょるい}も全^{すべ}てそろっているので、許可^{きょか}**せざるをえない**。 서류를 전부 구비했으므로, 허가하지 않을 수가 없다.

38 正答 1 야마다 씨는 10년이나 프랑스에서 살았던 만큼, 프랑스어를 매우 잘한다.

🔑 X［명사／보통체*］だけあってY는 X로 부터 당연 Y가 기대되나, 역시 기대한 대로다라고 감탄하여 말할 때 사용한다. ＊단, な형용사보통체는「～だ」대신에「～な」의 형태를 쓴다. 명사보통체인「～だ」의 형태는 안 쓴다.

✏️ **まとめて覚えよう**

● 비슷한 표현으로, X［명사／보통체*］だけにY가 있다. 이것은 X로부터 일반적으로 추측되는 사항으로서 Y를 이야기 할 때 쓰인다. ＊단, な형용사보통체는「～だ」대신에「～な」의 형태를 쓴다. 명사보통체인「～だ」의 형태는 안 쓴다.

例 　期待していた**だけに**、失敗したと聞いてひどくがっかりした。

　　기대하고 있었던 만큼, 실패했다고 듣고 실망했다.

---

39 正答 2 담배를 끊지 않는 한, 건강은 좋아지지 않아요.

🔑 X［동사사전형／동사ている형／동사ない형］かぎり 'X라는 상태인 동안은' 이라는 의미를 나타낸다.

✏️ **まとめて覚えよう**

● X［동사사전형／동사ている형／동사た형］かぎり는, X에 見る、聞く、知る 등의 동사가 쓰여 '보거나 듣거나 한 범위에서는' 이라는 의미를 나타낸다.

例 　私が知る**かぎり**では、彼女は真面目でおとなしい学生だ。

　　내가 알고 있는 한, 그녀는 성실하고 차분한 학생이다.

---

40 正答 1 달리기에 있어서는, 학급에서 누구에게도 뒤지지 않는다고 생각한다.

🔑 X［명사］にかけては는 'X에 관해서는, X의 분야에서는' 이라는 의미를 나타낸다. X에는 능력이나 기술을 나타내는 말이 온다.

41 正答 4 가령 모두가 반대를 해도, 나는 그녀와 결혼을 할 생각이다.

🔑 たとえX［명사＋でも／동사ても／い형용사ても／な형용사でも*］Y는 'X라고 가정해도 Y는 변함없다' 라고 할 때 쓴다. ＊동사ても、い형용사ても、な형용사でも의 형태는, 각각의 て형에「も」를 붙여 만든다.

42 正答 2 경기가 회복됨에 따라, 사람들의 생활에도 여유가 생겼다.

🔑 X［동사사전형／명사］につれてY는 'X라는 변화와 함께 Y라는 변화가 일어난다' 라고 할 때 사용한다.

●같은 의미를 나타내는 표현에는 X [동사사전형／명사] にしたがって Y 가 있다.

例 働く女性が増えるにしたがって、結婚する年齢が高くなってきた。

일하는 여성이 증가함에 따라, 결혼연령이 높아지고 있다.

---

43 正答 1　믿을 수 없는 일이 계속 일어나서, 마치 꿈을 꾸고 있는 것 같다.

🔑 X [보통체*] かのようだ는 '실제는 X가 아니지만 마치 X와 같이 느낀다' 라는 의미를 나타낸다.

*단, な형용사보통체인 「～だ」 의 형태와 명사보통체인 「～だ」 의 형태는 안 쓴다.

---

44 正答 3　결혼 상대에게 바라는 조건은 사람에 따라 다르다.

🔑 X [명사] によって는 'X를 기준이나 이유로' 라는 의미로 '각각의 X마다 상황이 변한다' 라고
할 때 사용한다.

●X에는 의문의 표현이 오는 경우도 있다.

例 デザートに何を食べるかによって食事の料金が変わる。

디저트로 무엇을 먹느냐에 따라 식사 가격이 달라진다.

問題 8

다음 문장의 ＿＿★＿＿에 들어갈 가장 적당한 단어를 1・2・3・4중에서 하나 고르시오.

(문제예)

어제 ＿＿＿＿＿ ＿＿＿＿＿ ＿＿★＿＿ ＿＿＿＿＿는 굉장히 맛있었다.

　1 엄마　2 사 온　3 가　4 케이크

(해답 방법)

1 올바른 문장은 이렇습니다.

어제 ＿＿＿＿＿ ＿＿＿＿＿ ＿＿★＿＿ ＿＿＿＿＿는 굉장히 맛있었다.

　1 엄마　2 가　　3 사 온　4 케이크

2 ＿＿★＿＿에 들어갈 번호를 해답용지에 마크합니다.

---

45 正答 2

正答文　行くと ４決めた ３からには **２みんなに** １反対されても 絶対に行く。

간다고 ４ 결정한 ３ 이상은 ２ 모두가 １ 반대해도 반드시 갈 것이다.

🔑 X [동사사전형／た형] からには Y는, X라는 상황이기 때문에 반드시 Y를 실현하겠다는 강한
의지나 희망, 명령 등을 나타낼 때 사용한다.

例　試合に出る**からには**、絶対に勝ちなさい。 시합에 나가는 이상은, 반드시 이겨라.

✎ まとめて覚えよう

●X ［동사사전형／た형］ **以上 （は）** 도 같은 의미를 나타낸다.

例　行くと約束した**以上**、必ず行く。 가기로 약속 한 이상, 반드시 간다.

46　正答4

정답문　この町は 3富士山が 2よく見えた 4ことから 1富士見町という 名前になった。

이 마을은 3 후지산이 2 잘 보이기 4 때문에 1 富士見町 라는 이름이 됐다.

🔑 X ［보통체*］ **ことから**Y는 Y의 유래나 이유가 X이다는 것을 나타낸다. *단, な형용사보통체인 「～だ」 대신에 「～な」 의 형태를 쓴다. 명사보통체인 「～だ」 의 형태는 안 쓴다.

47　正答4

정답문　佐藤さんは長い間 1悩んだ 4あげく 3大学に行くのを 2やめた そうだ。

사토우씨는 오랫동안 1 고민한 4 끝에 3 대학에 가는 것을 2 그만 두었다고 한다.

🔑 X ［동사た형］ **あげく**Y는 X가 오래 계속된 후, 결국 Y라는 결말이 되었다고 할 때 사용한다. X에는 그것이 계속되면 곤란한 사항들이 오는 경우가 많다.

✎ まとめて覚えよう

●X ［명사］ **のあげく**라는 표현도 있다.

例　はげしい夫婦げんか**のあげく**、離婚してしまった。 심한 부부싸움 끝에, 이혼해 버렸다.

●비슷한 표현으로, X ［動詞た形］ **末に**Y ／ X ［名詞］ の**末に**Y 가 있다. **末**는 어느 기간의 끝이라는 의미가 있어, X**末に**Y는, X가 끝난 후, 마지막으로 Y라는 의미이다.

例　2人は大恋愛の**末に**結婚した。 두 사람은 열열한 연애 끝에 결혼했다.

48　正答3

정답문　山田さんの送別会なのだから、4山田さんが 1来ない 3ことには 2始まらない。

야마다씨의 송별회이므로 4 야마다씨가 1 오지 3 않으면 2 시작할 수 없다.

🔑 X ［동사ない형］ **ないことには**、Y ［동사ない형］ **ない**는 X가 실현되지 않으면 Y가 실현 불가능하다는 것을 나타낸다.

49　正答4

정답문　彼は 3あれほど 2みんなに 4反対された 1にもかかわらず 1人で出かけて行った。

(2와 3은 순서가 바뀌어도 됨) 그는 3 그렇게 2 모두가 4 반대했음 1 에도 불구하고 혼자서 밖으로 나갔다.

🔑 X ［명사／보통체*］ **にもかかわらず**Y는 X로부터 당연히 예상되는 것과 Y가 다를 때 사용한다. *단, な형용사보통체인 「～だ」 의 형태와 명사보통체인 「～だ」 의 형태는 안 쓴다.

●X［보통체*］のにYも 같은 의미로 쓰인다. *な형용사보통체인「～だ」대신에「～な」의 형태로 쓰인다. 명사보통체인「～だ」의 형태는 안 쓴다..

例 寒いのに上着を着ずに出かけて行った。 추운데도 윗도리를 입지 않고 외출했다.

問題9 다음 글을 읽고 50번에서 54번 안에 들어갈 가장 적당한 것을 1·2·3·4에서 하나 고르시오.

단어정리 →→→			
□地域 지역	□文化 문화	□～によって ～에 따라	□言語 언어
□違う 다르다	□音楽 음악	□誰 누구	□聞く 듣다 □すぐ 곧, 바로
□わかる 알다	□リズム 리듬	□～ずつ ～씩	□拍 박 □進む 나아가다
□さまざまな 다양한	□拍子 박자	□歩く 걷다	□馬 말 □伝統 전통
□～に乗る ～을 타다	□生活 생활	□文化 문화	□作り出される 만들어지다
□言われる 일컬어지다	□日本人 일본인	□中心 중심	□昔 옛날 □農耕 농경
□一歩 한발	□音階 음계	□階段 계단	□多い 많다 □ヨーロッパ 유럽
□地球上 지구상	□すべて 모두, 전부	□できる 생기다	□たとえば 예를 들어 □アジア 아시아
□仲間 같은 종류	□もっとも(尤も) 그렇다고는 하지만		□同じ 같은 □高さ 높이
□～とはかぎらない ～라고는 할 수 없다	□いろいろ 가지각색	□頭 머리	□入れる 넣다
□世界 세계	□宣伝 선전	□文句 문구	□意味 의미 □考える 생각하다
□明らかだ 명확하다	□もっとも(最も) 가장, 제일	□広い 넓다	□英語 영어
□だいたい 도대체	□国 나라	□コミュニケーションがとれる 의사소통을 할 수 있다	
□しかし 그러나	□単純に 단순히	□起こる 일어나다	

50 正答2

정답문 7번째 줄 ▶だから、日本の生活には一歩一歩2本の足で歩く2拍子がよく、3拍子は使われなかったと考えられています。 그렇기 때문에 일본 생활에는 한걸음씩 두 다리로 걷는 2박자가 적합해 3박자는 이용되지 않았다고 생각됩니다.

🔑 많은 사람의 생각을 소개할 때는 と考えられています라는 표현을 사용한다.

필자가 생각한 경우는 と考えられます라고 한다.

[51] 正答 4

정답문　9번째 줄 ▶音階というと、「ド・レ・ミ・ファ・ソ・ラ・シ」という7つの音の階段のことだと思う人も多いでしょう。 도·레·미·파·솔·라·시 라는 7개의 음의 계단이라고 생각하는 사람이 많겠지요.

🔑 Xというと、Y는 X에 대해 일반적으로 생각나는 것을 Y에서 말하는 표현이다.

例　日本では、花というと桜だ。 일본에서는 꽃이라고 하면 벚꽃이다.

✏ まとめて覚えよう

비슷한 표현으로 **といえば、といったら**가 있다.

[52] 正答 1

정답문　15번째 줄 ▶さて、ここまでのことを頭に入れて、「音楽は世界のことば」というよく使われる宣伝文句の意味を考えてください。 그럼, 지금까지의 내용을 염두에 두고, 자주 사용되는 '음악은 세계의 공통어' 라는 선전문구의 의미를 생각해 주세요.

🔑 **さて**는 화제전환을 나타내는 표현이다. 대부분 다음에 정말 말하고 싶은 것을 논한다.

✏ まとめて覚えよう

비슷한 표현으로 **ところで、では**가 있다.

[53] 正答 4

정답문　16번째 줄 ▶…。この言い方は正しいでしょうか。 이 말은 맞는 것일까요? **正しくないことは明らかです。** 맞지 않는 것은 명백합니다.

🔑 앞 문장의 「**正しいでしょうか**」 라는 질문은 「**いいえ、正しくありません**」 이라는 대답을 포함한 질문이다. 여기서는 앞 문장만으로 끝나도 같은 의미가 된다.
또한, **明らか**라고 할 때는 **～ことは明らか**라고 하며, 「**～ものは明らか**」 라고는 하지 않는다.

[54] 正答 2

정답문　18번째 줄 ▶その英語を使えば、だいたいどこの国に行ってもコミュニケーションがとれます。しかし、**だからといって**、単純に「英語は世界のことば」と言えるでしょうか。 그 영어를 사용하면 대체로 어떤 나라에 가도 의사소통을 할 수 있습니다. 그러나 그렇다고 해서 단순히 '영어는 세계인의 언어' 라고 할 수 있을까요?

🔑 X。**だからといって、Yではない**는 X일 때 반드시 Y가 되는 것은 아니며, Y이지 않는 경우도 있다는 것을 나타낸다. Y는 부정적인 내용이라면 부정형이 아니라도 괜찮다.

例　仕事は好きだ。**だからといって**、一日に10時間以上働くのはいやだ。
일은 좋아한다. 그렇다고 해서 하루에 10시간 이상 일하는 것은 싫다.

問題10　다음의 (1)에서 (5)의 글을 읽고, 뒤에 나오는 질문에 대한 답으로서 가장 적당한 것을 1 · 2 ·
3 · 4중에서 하나 고르시오.

---

(1)　단어정리　→ → →

□ デジタル 디지털	□ 社会 사회	□ 毎日 매일	□ 大量 대량	□ 情報 정보
□ 作り出される 만들어지다		□ インターネット 인터넷		□ 蓄積 축적
□ 特徴 특징	□ 全体 전체	□ ～に対する ～에 대해	□ 責任 책임	□ 存在 존재
□ もちろん 물론	□ 技術 기술	□ 標準 표준	□ 管理 관리	□ 行われる 행해지다
□ 支える 지탱하다, 받치다		□ サービス 서비스	□ 提供者 제공자	□ 接続業者 접속업자
□ 専門家 전문가	□ 組織 조직	□ 国 나라	□ 国連 나라 연합	□ フォーラム 포럼
□ など 등	□ 持つ 가지다	□ それぞれ 각각	□ 担当 담당	□ 範囲 범위
□ だけ ～만, ～뿐	□ 郵便 우편	□ 宅配便 택배	□ 場合 경우	□ 企業 기업
□ 点 점	□ 日常 일상	□ 普通 보통	□ 大きい 크다	□ 異なる 다르다

55　**正答 1**　<u>인터넷이 일상적인 일반 서비스와는 크게 다르다는 것은 어떤 것인가?</u>
　　1　전체의 책임을 질 사람이 없는 것
　　2　국가나 국제연합에 의해 관리되고 있는 것
　　3　한 개 기업에 책임이 존재하는 것
　　4　아무도 전체적인 관리를 하고 있지 않는 것

　　7~8째 줄의 「この点で…異なっている」라고 있는데 「この点」은 그 앞에 이야기한 전체를 가리키며, 정리하면 '한 개의 기업에서 그 기업이 서비스전반에 관한 책임을 지고 있다'이다. 인터넷은 그 반대로 2째 줄의 「全体に対する責任が誰にも存在しない」라고 했으므로 차이점은 이것이다.

---

(2)　단어정리　→ → →

□ ある 어느	□ ひとりで 혼자서	□ 食事 식사	□ 意味 의미	□ 特別 특별
□ 表現 표현	□ 珍しい 드물다	□ 背景 배경	□ ～といっしょに ～와 함께	
□ 食べる 먹다	□ 考え方 사고방식	□ ～にかぎらず ～뿐만 아니라	□ 複数 복수	
□ ～ほうが ～편이	□ 楽しい 즐겁다	□ ところが 그런데	□ 増える 늘다	
□ 기본형 + そうだ ～라고 한다		□ なんとも 아무렇지도, 어떻게도 (대수롭지 않다는 의미를 나타냄)		
□ むしろ 오히려	□ 落ち着く 안정되다			

56　正答２　필자는 <u>혼자서 식사를 하는 것</u>을 어떻게 생각하고 있는가?

　　　　　1　드문 일이다.　　　　　　2　즐겁지 않다.
　　　　　3　불안하다.　　　　　　　4　아무렇지 않게 생각한다.

　3～4째 줄의🔑「ひとりで食べるより、複数で食べるほうが楽しいものではないだろうか(혼자서 먹는 것 보다 여럿이서 먹는 편이 즐거운 것은 아닐까?)」는 의견을 전개할 때의 표현이다. **ではないだろうか**는 의견을 서술할 때의 표현이다.

（3）　단어정리　→ → →

□四十代 40대	□大台に乗る ~대에 접어들다	□早い 빠르다	□五十代 50대
□もっと 더욱	□全く 정말	□正しい 맞다	□余 남짓
□ウッソー「うそ(거짓말)」를 강조해서 말하는 표현		□若い 젊다	□還暦 환갑
□~てみる ~해 보다	□言葉 말	□もう 이제	□真似る 흉내내다
□人生 인생	□十分の一 10분의	□結構 꽤	□十歳 열 살
□分量 분량	□結局 결국	□時間 시간	□長い 길다
□比較 비교	□感じる 느끼다	□短い 짧다	□しかし 그러나
□大きさ 크기	□太陽 태양	□中天 중천	□感覚 감각
□見える 보이다	□ように ~처럼	□知らず知らずのうちに 모르는 사이에	□記憶 기억
□総量 총량	□目盛り (자, 저울 등의) 눈금	□測る 재다	□~かもしれない ~일지도 모른다
			□山際 산기슭
			□まるで 마치
			□自分 자신, 자기

57　正答３　이 문장에 의하면, 40대보다 <u>50대가 더 빠른 것</u>은 어째서인가?

　　　　　1　40대보다 50대가 기억이 확실하지 않기 때문에
　　　　　2　40대로도 보이지 않는 젊은 사람이 50대로 보일 리가 없기 때문에
　　　　　3　40대의 1년은 40분의 1이지만, 50대의 1년은 50분의 1이기 때문에
　　　　　4　40대보다도 50대가 환갑에 가깝기 때문에

　4～5째 줄의「十歳のときの一年は全人生の十分の一 (10살 때의 1년은 인생의 10분의 1)」「五十七歳の一年は、五十七分の一(57세의 1년은 57분의 1)」라는 계산에서 알 수 있다.

（4）　단어정리　→ → →

□ゴルフ 골프	□心理的 심리적	□要素 요소	□強い 강하다
□言葉 말	□英語 영어	□訳 번역	□精神 정신
□あまり 나머지	□幸福感 행복감	□自信 자신감	□心 마음
□自然に 자연스럽게	□体 몸	□動く 움직이다	□最高 최고
□発揮 발휘	□状態 상태	□当人 당사자	□流れ 흐름
□スポーツ 스포츠	□集中する 집중하다	□あふれる 넘치다	□実力 실력

□うまくいく 잘 되어가다	□方向 방향	□背 등	□押される 밀리다
□感覚 감각	□無我 무아. 사심이나 사욕이 없음	□忘我 망아. 열중하거나 황홀하여 자신을 잃음	
□自在 자재. 속박 없이 마음먹은 대로임	□武道 무도	□境地 경지	□通じる 통하다
□ただ 단지	□ばかり ~뿐, ~만　□意識 의식		

58 正答1 <u>찾아오는 것</u>은 무엇인가.

    1　존

    2　시간

    3　무도의 경지

    4　최고의 실력

「やってくる」의 주어는 앞 문장과 같다. 앞 문장 「ただこればかりは…」의 주어는 **これ**이다. **これ**는 지금까지 기술한 내용을 정리하여 가리킨다. 이 글은 '존'의 설명을 하고 있으므로 **これ** = ゾーン이다.

(5) **단어정리**　→→→			
□宇宙飛行士 우주비행사	□夜間 야간	□アジア 아시아	□方向 방향
□あたり 근처	□列島 열도	□形 형태	□まわり 주변
□闇 어둠, 암흑	□沈む 잠기다	□電気 전기	□あかり 빛
□街灯 가로등	□自動販売機 자동판매기	□点す 불을 켜다	□都市部 도시부
□眠る 잠들다	□エネルギー 에너지	□自給率 자급률	□先進国 선진국
□傲岸不遜 오만불손	□ピカピカギラギラぶり 휘황찬란하고 번쩍번쩍하는 모습		
□各国 각국	□あつまる 모이다	□きわめる 그지없다, 다하다	
□恥ずかしい 창피하다	□風景 풍경	□기본형 + らしい ~라고 한다	

추가 항목: □国々 여러 나라 / □点く 켜지다 / □最下位 최하위

59 正答1 여기서는 무엇을 <u>창피</u>하다고 하고 있는가?

    1　에너지를 낭비하여 두드러져 보이는 것

    2　빛의 종류가 다른 나라에 비해 저급인 것

    3　밤인데도 도시사람들이 잠들지 않고 있는 것

    4　빛이 다른 아시아 국가에게 피해를 주고 있는 것

「恥ずかしい」 이유는, 그 문장의 「エネルギー…ピカピカギラギラぶり(에너지 …… 휘황찬란하고 번쩍번쩍하는 모습은)」 부분에서 기술하고 있다. 정답은 그것을 비슷하게 바꿔 말한 것이다.

問題11　　다음의 (1)부터 (3)의 글을 읽고, 뒤에 나오는 질문에 대한 답으로 가장 적당한 것을　1 · 2 · 3 · 4에서 하나 고르시오.

（1） 단어정리　→ → →

□おしゃべり 수다　□使う 사용하다, 쓰다　□流行語 유행어　□若者 젊은이　□同士 끼리

□欠かせない 빠뜨릴 수 없다　□しか ~만, ~뿐, ~밖에

□伝えられない 전해지지 못하다　□彼ら 그들　□気持ち 마음, 기분

□~について ~에 대해　□考える 생각하다　□無視 무시　□大学生 대학생

□教える 가르치다　□手前 자기 앞, 자기 쪽에 가까운 위치　□~にとって ~에 있어서

□研究 연구　□大事 중요함　□取材 취재　□場 장　□いろいろ 여러 가지

□批判的 비판적　□乱れ 혼란　□~とか~とか~な~な　□破壊する 파괴하다

□変化する 변화하다　□本質 본질　□偉い 위대하다　□言語学者 언어학자　□変える 바꾸다

□逆に 반대로　□~まい ~하지 않겠다〈부정의 의지〉　□そのまま 그대로　□形 모양, 형태

□保たせる 유지시키다　□決して 결코　□一方的 일방적

□ダメ（駄目）허사임, 소용없음　□面白さ 재미　□表す 나타내다

60　正答 2　젊은이들 말이 ①비판 받는 것은 왜인가?
1　일본어를 변화시키려 하고 있기 때문에
2　옛날 그대로의 일본어와 다르기 때문에
3　마음을 잘 전할 수 없기 때문에
4　누구도 말을 바꿀 수 없기 때문에

비판의 내용은 그 뒤의 「ことばの乱れ (말의 혼란)」「日本語を破壊するもの(일본어를 파괴하는 것)」이다.

말이 혼란스러워지거나 파괴되는 건 비판하는 사람들의 일본어로, 그것은 젊은이들의 유행어와 비교되는 옛날 그대로의 일본어이다.

61　正答 2　②그렇다면 이란 것은 어떤 것인가?
1　말은 변화시키려 해도 변화시킬 수 없는 것이라면, 이라는 것
2　말은 변화시키지 않고 두는 것이 불가능하다면, 이라는 것
3　말은 그대로의 형태를 유지시켜야 하는 것이라면, 이라는 것
4　말의 변화는 위대한 언어학자가 만들어낸 것이라면, 이라는 것

🔑 そう는 바로 앞에 서술한 것을 가리킨다. 앞 단락에서 기술한 것은 '말은 변화하는 것이다.' 이다.

62 正答 3   필자는 젊은이들이 쓰는 유행어에 대해 어떻게 생각하고 있는가?

    1 일본어를 파괴할 가능성이 있으므로, 잘 생각해서 사용해야 한다.

    2 변화가 빠르고, 금방 사라져버리므로, 서둘러 연구해야 한다.

    3 말이라는 것은 변화하는 것이므로, 그 모습을 즐기면 된다.

    4 젊은이들이 성인이 되면 잊혀지는 일시적인 것이므로 무시해도 좋다.

마지막의 🔑「ことばの**面白さ**を**表す**ものとして**考える**こともできる」라는 문장에서 알 수 있다.

---

(2) 단어정리 → → →

- □ ~までもない ~(할) 것 까지도 없다
- □ 高い 높다
- □ 低い 낮다
- □ ~に決まっている 당연히 ~이다
- □ 同じだ 똑같다
- □ 可能 가능
- □ いちがいに 한 마디로
- □ 総合的 종합적
- □ 評価 평가
- □ それどころか 그뿐만 아니라
- □ 成績 성적
- □ 事実 사실
- □ 狭く 좁게
- □ どちら 어느 쪽
- □ テスト 테스트
- □ 調べる 조사하다
- □ 答える 대답하다
- □ ~ば ~라면
- □ 簡単だ 간단하다
- □ 別 별, 별개
- □ 学力 학력
- □ 問い方 질문 방식
- □ 100点を取る 100점을 맞다
- □ 変える 바꾸다
- □ ~はずだ 당연히 ~일 것이다
- □ 結果 결과
- □ ~においては ~에 있어서는
- □ 認める 인정하다
- □ 限る 한정짓다
- □ 明白 명백
- □ シンプル 심플
- □ 知力 지력

---

63 正答 1   ①답할 수 없는 것은 왜인가?

    1 시험으로는 그 아이에 대해 종합적인 것을 모르기 때문에

    2 100점과 80점의 차이는 학력을 정할 때 그다지 큰 차이가 아니기 때문에

    3 시험 결과라는 것은 한마디로 설명할 수 있는 것이 아니기 때문에

    4 시험에서 100점을 받는 쪽이 훌륭한 아이이기 때문에

🔑 이유는 다음 단락에 (9~10째 줄) 있다

「どちらがいい子か、という総合的評価ならば、テストの結果だけでとてもではないがあれこれ言えるはずがないのである(어느 쪽이 훌륭한 아이인가라는 종합적인 평가라면, 시험결과만으로 아무리 해도 이렇다저렇다 말할 수는 없는 것이다.)」

---

64 正答 4   ②그런 사람은 어떤 사람인가?

    1 시험점수가 좋은 것은 머리가 좋다고 인정할 수 없는 사람

    2 성적이 좋은 것과 머리가 좋은 것은 같다고 생각할 수 없는 사람

    3 시험에서 좋은 점수를 받은 적이 있어서 머리가 좋다고 인정받은 사람

    4 시험에서 좋은 점수를 받는 것이 머리가 좋은 것을 의미한다고 생각하는 사람

🔑 **そういう**의 내용은 바로 앞 단락에 있는 **そういう人**은 「**そうは思えない**、という**人**(그렇지 않아, 라는 사람)」「**…じゃないか、と思う人**(……지 않은가, 라고 생각하는 사람)」과 같은 사람이다.

65 正答２　이 글에서 필자가 말하고자 하는 것은 무엇인가.

　　1　성적이 좋은 것은 학력이 있다는 것을 나타낸다.
　　2　성적이 좋은 것과 머리가 좋은 것은 별개이다.
　　3　시험점수가 좋은 것과 성적이 좋은 것은 별개이다.
　　4　시험점수가 좋은 것은 머리가 좋다는 것을 나타낸다.

🔑 학력 ＝ '성적이 좋은 것'　지력 ＝ '머리가 좋은 것'

　18~19째 줄의 「学力ってものを知力のことだと思っているんじゃないですか(학력이란 것을 지력(知力)이라고 생각하고 있는 것은 아닙니까)」에서 확실히 서술하고 있다. 이 질문에는 '학력과 지력은 다른 것이다.' 라는 필자의 의견이 포함돼 있다.

（3）　단어정리　→ → →

欧州 유럽	研究 연구	チーム 팀	装身具 장신구	スペイン 스페인
洞窟 동굴	見つける 발견하다	小さい 작다	穴が開く 구멍이 나다	化粧 화장
貝殻 조개껍데기	ひも 끈	通す 통하게 하다	首飾り 목걸이	顔料 안료
おぼしき 생각되어지는		オレンジ色 오렌지색	鉱物 광물	付着 부착
道具 도구	人類 인류	広がる 퍼지다	約 약	
入れ替わる 교대하다, 교체하다		～ように ～처럼	衰勢 쇠하여 가는 상태	
ネアンデルタール人 네안데르탈인		細工 세공	残す 남기다	絶滅 절멸
理由 이유	知能 지능	未発達 미발달	実は 사실은	
そこそこ 적당한, 고만고만한		知的 지적	おしゃれ 멋쟁이	狩猟 수렵
石器 석기	生存 생존	関係 관계	装飾品 장식품	
遊び心 놀고 싶은 마음		のぞく 엿보이다	動物 동물	骨 뼈
歯 치아	木の実 나무 열매	森 숲	浜 바닷가, 호숫가	
見つくろう 적당히 골라 준비하다		姿 모습	浮かんでくる 떠오르다	
さらには 더 한층, 더욱 더		ものがたり 이야기	～によると ～에 의히면	
古代人 고대인	～にとって ～에 있어서		特別 특별	意味 의미
恐ろしい 무섭다	闇 어둠	追い払う 쫓아버리다, 내쫓다		
朝日 아침 해, 아침의 태양		輝き 빛	暖をとる 몸을 녹이다	獲物 사냥감
肉を焼く 고기를 굽다		たき火 모닥불	喜び 기쁨	幸せ 행복
水面 수면	映る 비치다	己 자기, 자신	동사의 ます형＋ながら ～(하)면서	
飾る 장식하다, 꾸미다		祝い 축하	彩り 채색, 색깔	染める 물들이다
競争 경쟁	敗れる (승부에서) 패하다, 지다		足りない 부족하다	知恵 지혜
～のせい ～탓, ～때문		優しさ 부드러움, 순함	～かもしれない ～일지도 모른다	
驚き 놀라움	発見 발견	推論 추론	重ねる 겹치다	想像 상상
考古学 고고학	愉悦 유열, 즐거워하고 기뻐함			

66 正答 4　①네안데르탈인이 조개공예를 남긴 것이 된다고 생각되는 이유는 무엇인가?

1　네안데르탈인은 5만 년 전에 멸종했기 때문에

2　지금의 인류는 4만 년 전에는 지능이 미발달했기 때문에

3　네안데르탈인은 지능이 미발달했기 때문에

4　지금의 인류는 5만 년 전에는 없었을 것이기 때문에

「5万年前の装身具 (5만 년 전의 장신구)」(1째 줄)「今の人類が欧州に広がったのは約4万年前(지금의 인류가 유럽으로 이동한 것은 약 4 만 년 전)」(4째 줄) 의 정보를 조합해보면 된다.

67 正答 3　②특별한 의미란 어떤 의미인가?

1　유희의 마음을 나타내는 의미

2　마음의 부드러움을 나타내는 의미

3　빛이나 따뜻함의 나타내는 의미

4　생활의 윤택함을 나타내는 의미

고대인에게 있어 오렌지색이 가지는 특별한 의미는 10~11째 줄의 「恐ろしい闇を…火の色だった (공포스런 어둠을 …… 불의 색이었다)」와 「喜びと幸せの色だ (기쁨과 행복의 색이다)」에서 상세히 서술하고 있다. 정답은 그것을 요약해 말한 것이다.

68 正答 4　필자는 네안데르탈인의 지능에 대해 어떻게 생각하고 있는가?

1　지금의 인류보다 지능이 너무 높아 생존경쟁에 패해, 멸종한 것일 것이다.

2　그 지능의 수준에 관해 모르는 것이 많아, 연구가 더욱 진행되는 것이 기대된다.

3　지금의 인류보다 세련되고 성격이 부드러웠던 것은 지능이 낮았기 때문일 것이다.

4　지능이 미발달했다고 하지만, 생각보다 지적이었던 것은 아닐까.

「絶滅の理由は知能の未発達とされてきたが、実はそこそこ知的で、おしゃれ…(멸종한 이유는 지능의 미발달이라 전해졌지만, 실은 어느 정도 지적이고 멋을…)」(5~6째 줄)

「狩猟のための石器と違い、生存に関係のない装飾品には遊び心がのぞく(수렵을 위한 석기와는 달리, 생존과 관계없는 장식품에는 유희가 느껴진다)」(7째 줄)

「彼らが生存競争に敗れたのは、足りない知恵のせいではなく、あふれる優しさが災いしたのかもしれない(그들이 생존경쟁에서 패배한 것은, 부족한 지혜 탓이 아니라, 넘치는 부드러움이 화를 불렀는지 모른다)」(12~13째 줄)

🔑 '멋' 도 '유희' 도 '부드러움' 도 지능이 필요하다. 필자는 글 전체를 통해서 네안데르탈인의 지능이 생각했던 것보다 높았던 것은 아닐까라고 상상하고 있다.

단어정리 → → →				
□社会的 사회적	□影響 영향	□大きい 크다	□深刻 심각	□事故 사고
□ドラマ 드라마	□としては 로서는	□完成 완성	□なんだか 왠지, 어쩐지	
□泣かせる 울리다	□だけ ~만, ~뿐	□場面 장면	□気になる 신경이 쓰이다	
□もちろん 물론	□悲しさ 슬픔	□伝える 전하다	□大事だ 중요하다	
□起こる 일어나다	□問題 문제	□もっと 더욱	□がんばって 열심히	
□掘り下げる (사물을) 파고들다, 깊이 생각하다			□~てほしい ~하면 좋겠다	
□主演 주연	□俳優 배우	□すごく 매우, 굉장히	□演技する 연기하다	
□もったいない 아깝다		□実際に 실제로	□怖さ 무서움	□建設現場 건설현장
□最近 최근	□新聞 신문	□取り上げる 다루다	□個人 개인	
□気をつける 조심하다		□発注する 발주하다	□会社 회사	□働く 일하다
□周辺 주변	□住民 주민	□安全 안전	□守る 지키다	□全体 전체
□取り組む 몰두하다, 열심히 하다		□~なければならない ~해야만 한다, ~하지 않으면 안 된다		
□増やす 늘리다	□番組 방송 프로그램	□感動的 감동적	□嘘 거짓말	
□本当に 진짜로, 정말로		□作る 만들다	□関係者 관계자	
□インタビュー 인터뷰		□途中 도중	□現実 현실	□より 보다
□すばらしい 훌륭하다		□まるで 마치	□自分 자기, 자신	
□事故に遭う 사고를 당하다		□苦しみ 괴로움	□感じる 느끼다	

69 正答 1　이 드라마의 내용은 어떤 내용이었나?

　　　1　사회적으로 문제가 되었던 큰 사고를, 사실을 토대로 만든 것
　　　2　앞으로 건설현장에서 일어날 가능성이 있는 사고를 예상해 만든 것
　　　3　최근 화제가 되었던 사고발생 원인을 상세히 규명해서 만든 것
　　　4　실제 있었던 큰 사고를, 관계자의 이야기의 소개를 넣어 만든 것

🔑 A·B·C를 조합해보면 알 수 있다.

A：「社会的に影響の大きかった深刻な事故(사회적으로 영향이 컸던 심각한 사고)」 (1째 줄)

B：「実際に起こった事故をドラマで見る (실제 일어났던 사고를 드라마로 보면)」 (1째 줄)

C：「ドラマにすることで、現実より現実的に (드라마로 만듦으로서 현실보다 더욱 현실적으로)」

(3~4째 줄)

70 正答 1　　A、B、C가 공통적으로 평가하고 있는 것은 무엇인가?

1　잘 만들어진 드라마인 것
2　사고의 내용을 정확히 전하고 있는 것
3　사고의 원인을 잘 알고 있는 것
4　주연 배우가 훌륭한 연기를 보여준 것

드라마 그 자체는 모두 평가하고 있다.

A :「ドラマとしては完成していたと思います(드라마로서는 완성도가 있다고 생각합니다)」
(1째 줄)

B :「こういう番組はもっとあってもいい (이런 프로그램은 더 있어도 좋다)」(4 ～ 5 째 줄)

C :「ドラマにすることで、現実より現実的 (드라마로 만듦으로서 현실보다 더욱 현실적으로)」
(3 ～ 4 째 줄)

問題13　다음 글을 읽고 뒤에 나오는 질문에 대한 답으로 가장 적당한 것을 1 · 2 · 3 · 4 에서 하나
고르시오.

단어정리　→ → →

いつも 항상, 언제나		疑問 의문	誰もが 누구나 ／ 経済 경제
問題 문제 / 討論 토론		番組 방송 프로그램 / 雑誌 잡지	新聞 신문
特集 특집 / 議論 논의		中心 중심 / たいてい 대개	
元気になる 기운이 나다		～ために ～(하기) 위해	必要 필요
再生 재생 / 足りない 부족하다		変わる 바꾸다	～なければならない ～(하지) 않으면 안된다
～たびに ～(할) 때마다		どうやって 어떻게 / 変える 바뀌다	～前に ～(하기)전에
お前 너 / 活力 활력		ビジョン 비전 / 失う 잃다	個別 개별
人間 인간 / 企業 기업		自治体 자치단체 / 地域 지역	たとえば 예를 들어
故郷 고향 / 佐世保市 사세보시		長崎県 나가사키현	～から続く ～부터 계속되는
造船 조선 / 不況 불황		影響 영향	帰郷 귀향
寂れる (번창하던 곳이) 쇠퇴하다, 쓸쓸해지다			問う 묻다 / 造船業 조선업
～たことがない ～한 적이 없다		巨大 거대	有利子負債 유이자부채
抱える 끌어안다 / 示す 나타내다		エコノミスト 경제전문가	産業 산업
教育 교육 / 荒廃しきっている 황폐하기 그지없다		具体的 구체적	ナイフ 나이프
向かってくる 다가오다		児童 아동	生徒 학생
～に対して ～에 대해		自衛 자위 / 暴力 폭력	許される 용서되다
解決する 해결하다 / 個人 개인		ソリューション 솔루션, 해결방법	
胡散臭い 어쩐지 미심쩍다, 어딘가 수상하다		口にする 입에 담다 / 責任 책임	批判 비판
提言 제언 / 責任を取る 책임을 지다			

71 正答 2　필자에 의하면 ①누구나 '일본' 이나 '일본경제' 를 문제로 삼는 이유는 무엇인가?

 1 이것이 해결되면 다른 것도 해결되기 때문에

 2 발언에 책임을 지지 않아도 되기 때문에

 3 이 문제가 쉽게 해결되기 때문에

 4 누구에게나 책임이 있는 중대한 문제이기 때문에

🔑 1〜2째 줄의 「誰もが『日本』や『日本経済』を問題にするが、それはどうしてなのだろうか(누구나 '일본' 이나 '일본경제' 를 문제로 삼는데, 그것은 왜일까)」가 이 글의 주제이다. 따라서 「なぜか（どうしてなのだろうか）어째서인 것일까)」라는 질문의 답은 이 글 전체의 결론이다. 이 글의 결론은 21〜22째 줄의 「日本のこと、日本経済のことは…責任を取る必要がない (일본에 관한 것, 일본경제에 관한 것은 … 책임을 질 필요가 없는 것이다.)」이다. 정답은 그것을 간단히 표현하고 있다.

✏️ **まとめて覚えよう**

논설문 등에서는 글의 주제(테마, 논점, 문제제기)는 글의 시작부분에 질문의 형태로 보여지는 경우가 많다. 또, 결론은 그 질문에 대한 답으로 글의 마지막에 서술되는 경우가 많다.

72 正答 3　②네가는 누구를 말하는가?

 1 텔레비전 시청자나 신문, 잡지의 독자

 2 이야기를 듣고 있는 필자

 3 일본전체에 대해 의견을 논하는 사람

 4 기운을 잃은 한 사람 한 사람의 개인

🔑 と思う라고 쓰여지면 필자의 생각이다.

5〜6째 줄의 「日本は変わらなければならない、というようなことを言う人(일본은 변해야 한다, 고 말을 하는 사람)」을 보면 「お前が変われ(네가 변해라)」と思う(라고 생각하는)것이므로 상대 (＝너) 는 '일본은 변해야 한다고 말을 하는 사람' 임으로 정답은 이것을 달리 표현한 것이다.

73 正答 1　필사가 글에서 가장 밀하고 싶은 깃은 무잇인가?

 1 일본전체에 관한 것을 논의해도, 구체적인 개별 문제는 해결되지 않기 때문에, 그런 논의를 하는 것은 무책임하다.

 2 개별 문제에 대해 하나하나 해결해도 일본전체는 좋아지지 않으나, 일본전체에 대해서 더욱 진지하게 논의해야 한다.

 3 일본전체가 바뀌면 자동적으로 개개인의 문제도 해결해 갈 것이므로, 사람들은 책임감 있는 비판이나 제언을 해야 한다.

 4 일본전체에 대해 논의하는 것은 큰 책임을 동반하지만, 일본경제에 대해서는 아무도 책임을 질 필요는 없다.

정답은 글 전체를 종합한 것이다.

  다음은 가스미시의 아이의 구급의료에 관한 안내이다. 아래의 질문에 대한 답으로 가장 적당한 것을 1·2·3·4에서 하나 고르시오.

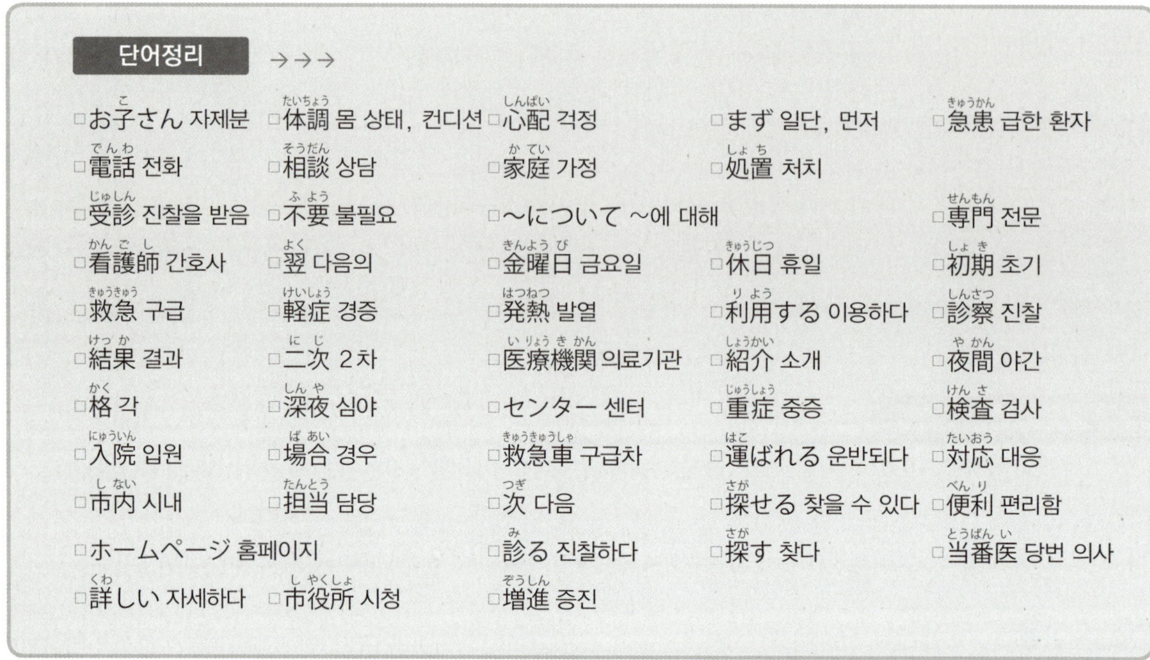

[74] 正答 4　아이가 심야 2시에 열이 날 경우, 처음 전화하는 곳은 어디인가?

1　건강증진과
2　가스미시 휴일 야간 응급환자센터
3　휴일 야간 진료소
4　아동응급환자 전화상담

심야 2시 전화에 대응할 수 있는 것은 '아동응급환자 전화상담'과 '가스미시 휴일야간응급센터'이지만 처음에 전화하는 곳은 🔑「**まずは**(우선은)」라고 크게 쓰여진 '아동응급환자전화상담'이다.

[75] 正答 1　이 안내에 대해 더 자세히 알고 싶을 때 어떻게 하면 되는가?

1　시청 건강증진과로 전화한다.
2　아동응급환자 전화상담으로 전화한다.
3　'카스미시 의료 네비게이션' 사이트를 본다.
4　근처 의료기관을 찾는다.

이 안내에 대해 🔑「**詳しくは**(상세히 알고 싶을 때는)」 시청 건강증진과로 전화하도록 가장 밑에 써 있다.

（Ｍ：男性　Ｆ：女性）

問題1

문제1에서는 우선 질문을 들으세요. 그 후 대화를 듣고 문제지 1에서 4중에서 올바른 답을 하나 고르시오.

1番 B-01

研修会で若い社員が名詞の渡し方を練習しています。相手の名詞を最後にどのように持てばいいですか。

Ｆ：はい、じゃあ、今度は2人で向き合ってお互いに名刺を渡してみましょう。名刺は、名前を相手の方に向けて、両手で差し出すんでしたね。でも、2人が同時に渡すときは？　はい。2人とも両手で自分の名刺を出していたら、受け取れないでしょう？　このときは、片手でいいんです。片手で自分の名刺を出しながら、片手で相手の名刺を受け取るんですよ。そうすると、交換できますよね。それで、①受け取った後で、改めて相手の名刺を両手で持たなければ失礼なんですよ。

相手の名刺を最後にどのように持てばいいですか。

스크립트 번역

연수회에서 젊은 사원이 명함을 건네는 법을 연습하고 있습니다. 상대의 명함을 마지막에 어떻게 잡으면 됩니까?

여 : 네, 그럼, 이번에는 둘이서 마주보고 명함을 교환해 봅시다. 명함은 이름을 상대방에게 향하도록 양손으로 건네는 것이었죠. 하지만 2명이 동시에 건넬 때는요? 네, 두 사람 모두 양손으로 명함을 건네면 받을 수가 없겠지요? 이 때는 한 손으로도 괜찮습니다. 한쪽 손으로 자신의 명함을 건네면서 다른 한 손으로 명함을 받는 것입니다. 그렇게 하면, 교환을 할 수 있겠지요. 그리고 ①받은 후에 다시 상대방의 명함을 양손으로 들지 않으면 실례입니다.

상대방의 명함을 마지막에 어떻게 잡으면 됩니까?

正答 4

상대방은 내 쪽으로 이름을 향하도록 해서 주기 때문에 받을 때는 한 손이지만, 그 후에 양손으로 잡으라고 ①에서 말하고 있다.

まとめて覚えよう

●改めて는 다시 한번 새롭게 무엇을 한다는 의미이다.

例 改めて最初から説明し直した。

다시 처음부터 설명했다.

2番 CD B-02

会社で、女の人が男の人に飛行機の予約を頼んでいます。男の人はどの席を予約しますか。

> F：来月の出張の飛行機の予約、まだだったよね。日程もはっきりしたし、取ってくれる？
>
> M：はい。課長とお客様と、2人分ですよね。窓側の席がよろしいでしょうか。
>
> F：うん。①2人とも、窓側にしてちょうだいね。つまり、2人並べて取らないで、ってことなんだけど。
>
> M：は？
>
> F：そんなに親しい方でもないから、隣同士だと、かえってお互いに疲れちゃうから。
>
> M：ああ、はい。わかりました。じゃあ、②前後に取ります。
>
> F：③1つか2つ開けてもらった方がいいかなあ。あ、④できるだけ前の席でね。
>
> M：わかりました。

男の人はどの席を予約しますか。。

회사에서 여자가 남자에게 비행기 예약을 부탁하고 있습니다. 남자는 어떤 좌석을 예약 합니까?

여 : 다음달 출장 비행기 예약, 아직 안 했지? 일정도 정해졌으니까 예약해 줄래?

남 : 네. 과장님과 손님, 2명 분이죠. 창 쪽 자리가 좋으신가요?

여 : 응, 둘 다 창 쪽으로 부탁해. 다시 말해서, ①두 명이 나란히 앉게 잡지 말란 얘기야.

남 : 네?

여 : 그렇게 친한 분도 아니니까 옆에 앉아가면 오히려 서로 피곤하니까.

남 : 아~. 네. 알겠습니다. 그럼, ②앞, 뒤로 예약하겠습니다.

여 : ③한 두 줄 간격을 두는 게 좋겠어. 아, ④가능하면 앞자리로.

남 : 알겠습니다.

남자는 어떤 좌석을 예약 합니까?

正答 2

1　AとB（×）

　2명이 나란히 있어서 ①과 다르다.

2　BとC（○）

　②～④와 맞다.

3　CとD（×）

　앞, 뒤 좌석이 아니라서 ②와 다르다.

4　DとE（×）

　2명의 좌석이 너무 떨어져 있어서 ③과 다르다.

まとめて覚えよう

● **よね**는 확인을 나타낸다.

　例 漢字テスト、あさってだった**よね**。 한자시험, 모레였지?

● **じゃあ**는 **では**의 회화체로 앞의 말을 받아 화자가 다음에 무엇을 할지 확실히 할 경우에 쓰이는 표현이다.

男の人が町を歩きながら携帯電話で家にいる女の人
と話しています。男の人は何を買って行きますか。

M：今、駅を出たところだけど、何か買って行く
もの、ある？

F：ああ、ちょうどよかった。あのね、①果物
の缶詰買って来てくれないかなあ。

M：ちょうど今、果物屋の前なんだけど、何の果
物？　②缶詰じゃなきゃダメなの？

F：③缶詰ならなんでも。サラダにのせたいん
だ。あ、そうだ。果物屋の隣、酒屋さんでし
ょ？　ビールもお願い。

M：ちょっと待って、果物の方、いくつだって？

F：1つ。で、④ビールは10本。

M：何言ってんだよ。重いよ。⑤5本が限度だ
ね。それでなくても荷物が多いのに。

F：はーい。じゃ、よろしくね。

男の人は何を買って行きますか。

스크립트 번역

남자가 길을 걸으면서 휴대전화로 집에 있는 여자와 이야기하
고 있습니다. 남자는 무엇을 사서 갑니까?

남 : 지금 막 역에서 나왔는데 뭐 사갈 거 없어?

여 : 어, 마침 잘됐다. 저기, ①과일 통조림 사다 줬으면
하는데.

남 : 마침, 과일가게 앞인데, 무슨 과일? ②꼭 통조림이
어야 해?

여 : ③통조림이라면 아무거나 괜찮아. 샐러드에 얹을 거
야. 아, 맞다. 과일가게 옆이 술집이지? 맥주도 부
탁해.

남 : 잠깐만, 과일은 몇 개라고?

여 : 하나. 그리고 ④맥주는 10병.

남 : 무슨 소리야. 무거워. ⑤5명이 한계야. 그거 아니이
도 짐이 많은데.

남 : 알았어. 그럼, 부탁해.

남자는 무엇을 사서 갑니까?

正答 1

여자가 ①에서 과일 통조림을 부탁한 것에
대해 남자는 ②에서 통조림이어야 하냐고 확
인했고, 여자는 ③에서 통조림이라면 아무거
나 괜찮다고 했다. 사 오는 것은 통조림이
다.

그리고 여자는 ④에서 맥주를 10병 부탁했
으나 남자가 ⑤에서 5병이 한계라고 답하고
있다.
이것에 대해 여자는 '알았어'라고 답하고
있으므로 맥주는 5병 사 가면 된다.

📝 まとめて覚えよう

● X〔동사て형〕くれないかな（あ）
는 화자의 희망을 나타내는 표현이
다.
　例　ノート貸してくれないかなあ。
　　　노트 빌려줬으면 좋겠는데
● Xじゃなきゃ는「Xでなければ」의
회화체이다.
● それでなくても는 그것이 없어도라는
의미이다.

第2回

聴解

会社で、男の人が、女の人と電話で話しています。
男の人はこの後、何をしますか。

M：はい。東京サービスです。

F：すみません、田中の家内ですが、田中、おりますでしょうか。

M：あ、奥様でいらっしゃいますか。田中さんにはいつもお世話になっております。

F：いいえ、こちらこそお世話になっております。

M：で、田中さんなんですが、ただいま別室で会議中でして。お急ぎのご用でしょうか。

F：今すぐというわけではないのですけれど、3時までに連絡がつかないとちょっと…。3時には席に戻りますでしょうか。

M：ああ、難しいですね。やっぱり、呼んでまいりましょうか。

F：あ、じゃあ、🔑①田中に、3時までに家に電話するようにメモを渡してくださるでしょうか。私、待ってますので。

M：わかりました。

男の人はこの後、何をしますか。

회사에서 남자가 여자와 전화로 이야기하고 있습니다. 남자는 이후에 무엇을 합니까?

남 : 예. 도쿄서비스입니다.

여 : 실례합니다. 다나카 아내인데요, 다나카 부탁합니다.

남 : 아, 사모님이십니까? 다나카씨에게 항상 신세지고 있습니다.

여 : 무슨 말씀을, 저희야말로 신세지고 있습니다.

남 : 그런데, 다나카씨는 지금 별실에서 회의 중이시라서. 급하신 일이신가요?

여 : 지금 바로는 아니지만, 3시까지 연락이 닿지 않으면 좀….3시에는 자리로 돌아오나요?

남 : 아, 좀 어렵겠는데요. 역시 불러드릴까요?

여 : 아, 그럼, ①다나카에게 3시까지 집으로 전화해달라고 메모를 전해주시겠습니까? 기다리고 있을 테니까.

남 : 알겠습니다.

남자는 이후에 무엇을 합니까?

正答 2

1　다나카씨를 불러와서 전화를 받게 한다 (×)

　　남자가 불러오려고 했으나 여자가 다른 제안을 했다.

2　회의중인 다나카씨에게 전언메모를 건넨다 (○)

　　①에서 알 수 있다. 남자도 「わかりました(알겠습니다)」 라고 답하고 있다.

3　다나카씨 책상에 전언메모를 둔다 (×)

　　메모를 건네주는 것이지 놓아두는 것은 아니다.

4　다나카씨를 불러와서 전화를 걸게 한다 (×)

　　지금 바로 불러오는 것은 아니다

✏ **まとめて覚えよう**

家内は 아내(처)를 말한다.

学校で、女の先生と男の学生が話しています。学生は、この後何をしますか。

> M：先生、すみません。大学の推薦状を書いていただきたいんですが。
>
> F：推薦状を書く用紙はあるの？
>
> M：はい。これです。ここに先生の推薦の言葉を書いてもらうことになっています。
>
> F：ふうん。学校の判子がいるのね。じゃ、書いた後、事務室で判子を押してもらっておくから、🔑①事務室で受け取って。
>
> M：あ、そんな。先生が書き終わったころに取りに来て、自分で事務室へ持って行きますよ。
>
> F：推薦状は封筒に入れて閉じてから渡すことになってるのよ。🔑②事務の人からは、それをもらって。
>
> M：え？　僕が封筒に入れちゃいけないんですか？　へえ、知りませんでした。

学生は、この後何をしますか。

스크립트 번역

학교에서 여선생과 남학생이 이야기하고 있습니다. 학생은 이후 무엇을 합니까?

남 : 선생님, 죄송하지만, 대학 추천장을 받고 싶은데요.

여 : 추천장을 쓸 용지는 있니?

남 : 네, 이거에요. 여기에 선생님의 추천말씀을 쓰게 되어 있어요.

여 : 음~, 학교 직인이 필요하네. 그럼, 다 써서 사무실에 가서 도장 받아 놓을 테니까 ①사무실에서 찾아가.

남 : 아, 아니에요. 선생님께서 다 쓰실 때쯤 찾으러 와서 제가 사무실에 가지고 갈게요.

여 : 추천장은 봉투에 넣어 봉인해서 건네게 돼 있어. ②직원한테는 그것을 받으면 돼.

남 : 네? 제가 봉투에 넣으면 안 되는 거예요? 아, 잘 몰랐어요.

학생은 이후 무엇을 합니까?

正答 4

1 추천장을 사무실에 가지고 간다 (×)

　학생은 이렇게 말했지만 자신의 추천장은 읽을 수 없으므로 선생님이 안 된다고 했다.

2 추천장을 봉투에 넣는다 (×)

　봉투에 넣어 봉인하는 것은 사무실 직원이 한다.

3 사무실에 가서 도장을 받는다 (×)

　추천서 내용을 쓴 후 선생님이 한다고 말하고 있다.

4 사무실에 가서 추천장을 받는다 (○)

　①의 선생님 지시대로이다. ②에서도 반복해서 말하고 있다.

문제2에서는 우선 질문을 들으세요. 그 다음에 문제지의 선택지를 읽으세요. 읽을 시간이 있습니다. 그 후 대화를 듣고 문제지 1부터 4 중에서 올바른 답을 하나 고르시오.

1番 B-06

会社で、男の人と女の人が話しています。男の人が今日弁当を持って来た理由は何だと言っていますか。

F：あれ、今日もお弁当？　奥さんが作ってくれるの？

M：ああ、①家内が作ることもあるんだけど、今日は僕なんだ。

F：へえ。上手。おいしそう。交替でお互いの分を作ることにしたんだ。いいねえ。

M：②子どもの幼稚園、弁当を持って行かなきゃならない日ってのがあるんだよ。③作るんだったら、1人分でも、3人分でも、同じじゃない。

F：じゃあ、お弁当の日じゃないときは、お父さんもお母さんもお弁当なしなのね。

M：うん。でもね、外で食べるより、弁当の方が健康にいいみたいで、最近、調子がいいんだよ。毎日にしても、いいかな。

男の人が今日弁当を持って来た理由は何だと言っていますか。

회사에서 남자와 여자가 이야기하고 있습니다. 남자가 오늘 도시락을 가지고 온 이유는 무엇이라고 말하고 있습니까?

여 : 어, 오늘도 도시락이네? 와이프가 만들어 주는 거야?

남 : 응, ①집사람이 만들 때도 있지만, 오늘은 내가 했어.

여 : 우와, 잘 하네. 맛있겠다. 서로 교대로 만들고 있구나. 좋겠다.

남 : ②아이 유치원에서 도시락 싸가지고 가야 하는 날이거든. ③이왕 만드는 거라면 1인분이나 3인분이나

마찬가지 잖아.

여 : 그럼, 도시락 안 가지고 가는 날은 엄마도 아빠도 도시락이 없는 거네.

남 : 응. 하지만, 밖에서 먹는 것 보다 도시락이 건강에 좋은 것 같아서, 요즘 컨디션이 좋아. 매일 싸는 것도 괜찮을 것 같아.

남자가 오늘 도시락을 가지고 온 이유는 무엇이라고 말하고 있습니까?

正答 1

1 유치원에 도시락 싸가야 하는 날이라서 (○)

②③에서 유치원에서 도시락을 싸가야 하는 날이 있어, 그날은 부모 몫도 함께 만든다는 것을 알 수 있다.

2 부인이 만들어 주어서 (×)

①에서 남자가 만들었다는 것을 알 수 있다.

3 밖에서 먹는 것 보다 건강에 좋아서 (×)

밖에서 먹는 것보다 도시락 먹는 쪽이 컨디션이 좋다고 했지만, 컨디션이 좋은 것은 이유가 아니다. 도시락을 먹은 결과이다.

4 아이가 만들어 주어서 (×)

①에서 만드는 것은 부모란 것을 알 수 있다.

まとめて覚えよう

● **だったら**は**なら**と거의 같은 의미로 회화에서 쓰이는 경우가 많다.

例　出かける**んだったら**、切手を買って来て。

　　出かける**んなら**、切手を買って来て。

외출하는 거면 우표 좀 사다 줘.

2番 CD B-07

男の人と女の人が、喫茶店で話しています。男の人は何について一番怒っていますか。

F：ごめん。本当にごめん。遅くなっちゃって。

M：コーヒー、すっかり冷めちゃったよ。

F：もう一杯、ごちそうするから。すみませーん、店員さーん。

M：僕も電車が遅れててさあ。走って来たら、きみもまだ来てなくて。電話もかかってこないし。

F：そうなの。私も電車が遅れてね、電話もできなくって。だけど…。ねえ、店員さーん！ここ、コーヒーお願いしまーす！

M：いいよ、もう。ここの店員、数が少なくてなかなか来ないんだ。

F：そんなに怒らないでよ、電車が遅れたんだもん。しょうがないじゃない。

M：①だから、僕はそれを怒ってるんだよ。②最近、遅れ過ぎると思わない？　毎日だよ。

男の人は何について一番怒っていますか。

남 : ①그러니까, 난 그게 화가 난다고. ②요즘, 자주 늦잖아? 매일이야.

남자는 무엇에 대해 가장 화내고 있습니까?

正答 3

①의 '그게' 는 전철이 늦은 것을 가리킨다. ②로 계속되는 것으로도 전철이 늦은 것에 가장 화를 내고 있는 것을 알 수 있다.

남자와 여자가 찻집에서 이야기하고 있습니다. 남자는 무엇에 대해 가장 화내고 있습니까?

여 : 미안, 정말로 미안해. 늦어서.

남 : 커피, 벌써 다 식었어.

여 : 한잔 더 사 줄게. 여기요~.

남 : 나도 전철이 늦게 왔거든. 뛰어왔더니 너도 아직 안 와있고. 전화연락도 없고.

여 : 맞아. 나도 전철이 늦게 와서. 전화연락도 못하고. 하지만…. 저기, 여기요! 여기 커피 주세요.

남 : 됐어 그만, 여기 직원이 적어서 잘 안 와.

여 : 그렇게 화내지 말고. 전철이 늦게 와서 그런걸. 어쩔

大学で、男の先生と女の学生が話しています。女の学生が下を見て話しているのは、どうしてですか。

> M：山田さん、今日、何だか変じゃない？　ずっと下を見て話してるけど…。
>
> F：先生、今までごめんなさい。私、ずっと失礼なことをしてました。
>
> M：ええ？　何のこと？
>
> F：①昨日、佐藤先生に、目上の人の目を見つめるのは失礼だって言われたんです。私、知りませんでした。ごめんなさい。
>
> M：はあ。そういえば、山田さんは相手の目をじっと見て話すけど、悪いことじゃないよ。佐藤先生、どうしてそんなことを言ったんだろう。どういうとき、言われたの？
>
> F：昨日、少し遅れてレポートを出しに行って、先生にあやまっているときです。じっと先生の目を見てたら…。
>
> M：ああ。それは、あやまってるときだからね。ふだんはいつもの山田さんでいいんだよ。
>
> F：え、そうだったんですか。よかった〜。

女の学生が下を見て話しているのは、どうしてですか。

스크립트 번역

대학교에서 남선생과 여학생이 이야기하고 있습니다. 여학생이 아래를 보며 이야기하고 있는 이유는 무엇입니까?

남 : 야마다, 오늘 좀 이상한데. 계속 아래만 보고 얘기하는데….

여 : 선생님, 지금까지 죄송했어요. 저 쭉 예의에 어긋나는 행동을 했어요.

남 : 엉? 무슨 말이야?

여 : ①어제 사토우 선생님이 윗사람의 눈을 계속 보는 것은 실례라고 하셨어요, 저 몰랐어요. 죄송해요.

남 : 아. 그리고 보니 야마다는 상대방의 눈을 계속 보며 이야기하는데 나쁜 것이 아니야. 사토우선생님이 왜 그런 말을 했지? 어떨 때 들었는데?

여 : 어제, 조금 늦게 리포트를 제출하러 가서, 선생님께 죄송하다고 할 때였어요. 계속 선생님의 눈을 봤더니……

남 : 아, 그건, 용서를 빌 때이니까. 평소에는 하던 대로 해도 괜찮아.

여 : 에, 그런 거였어요? 다행이다.

여학생이 아래를 보며 이야기하고 있는 이유는 무엇입니까?

正答 2

1 선생님께 혼나 자신감을 잃어버렸기에 (×)

　선생님께 혼났지만 그래서 아래를 쳐다보고 있는 것은 아니다.

2 선생님의 눈을 쳐다보면 안 된다고 생각하고 있기 때문에 (○)

　①에서 들은 것처럼 다른 때에도 선생님의 눈을 보면 안 된다고 생각하고 있는 것이다.

3 리포트 제출이 늦어졌기 때문에 (×)

　리포트 제출이 늦은 것은 혼난 이유이다.

4 지금까지 선생님께 죄송스런 일을 했다고 생각하고 있기 때문에 (×)

　죄송스런 일을 했다고 생각하고 있지만 그래서 아래를 보고 있는 것은 아니다.

4番 🎧 B-09

ラジオで天気の話をしています。あしたの大阪の天気はどうですか。

> M：今日は日本全国、暑かったですねえ。
>
> F：はい。今日はよく晴れて、各地で記録に残る暑さとなりました。
>
> M：この暑さはあしたも続きそうですか？
>
> F：🔑①いえ、あしたは雨で、少し涼しくなるところが多いんです。東京から北ですが。
>
> M：ほかは雨が降らないんですか？
>
> F：🔑②名古屋、大阪は雨が降りません。気温も高いままです。
>
> M：ああ、じゃあ、あしたもこの天気が続くんですね？
>
> F：🔑③少し曇りますが、暑いですね。雨が降るのは、あさってです。

あしたの大阪の天気はどうですか。

라디오에서 날씨 이야기를 하고 있습니다. 내일 오사카의 날씨는 어떻습니까?

남 : 오늘은 일본 전국이 더웠네요.

여 : 네. 오늘은 아주 맑아서, 전국 각지에 기록적인 더위였습니다.

남 : 이 더위는 내일도 이어질 것 같나요?

여 : ①아뇨, 내일은 비가 오고 약간 서늘해지는 곳이 많겠습니다. 도쿄에서 북쪽지방이지만요.

남 : 다른 곳은 비가 안 오나요?

여 : ②나고야, 오사카는 비가 오지 않습니다. 기온도 오늘처럼 높겠습니다.

남 : 아, 그럼 내일도 이런 날씨가 계속 되겠군요.

여 : ③약간 흐리지만, 덥겠네요. 비가 오는 것은 모레입니다.

내일 오사카의 날씨는 어떻습니까?

1 비가 오고 덥다

2 비가 오고 선선하다

3 흐리고 덥다

4 맑고 덥다

正答 3

①에서 선선해지는 것은 도쿄보다 북쪽지역이란 것을 알 수 있다. ②③에서 정답이 3인 것을 알 수 있다.

第2回

聴解

テレビで、男の人が洗濯機の上手な使い方について話しています。男の人は一度にたくさん洗ってはいけない理由は何だと言っていますか。

Ｍ：洗濯は、１日か２日に一度、少しずつするのが理想的ですが、家族が少ない人など、毎日洗濯する必要がない場合も多いです。それから、洗濯が嫌いだ、という人もいますね。ですが、何日分もまとめて一度に洗うのはよくありません。①洗濯機にたくさん入れると、洗剤が溶けにくくなって、汚れがよく落ちなくなってしまうんです。洗濯機の中にずーっと汚れたものをためておくのもよくないですよ。お洋服がいたみやすくなりますし、洗濯機にかびがはえる原因にもなります。

男の人は一度にたくさん洗ってはいけない理由は何だと言っていますか。

스크립트 번역

텔레비전에서 남자가 능숙한 세탁기 사용법에 대하여 이야기하고 있습니다. 남자는 한 번에 많은 양의 빨래를 하면 안 되는 이유에 대해 뭐라고 말했습니까?

남 : 빨래는 하루나 이틀에 한 번, 조금씩 하는 것이 이상적입니다만, 가족이 적은 사람 등, 매일 빨래를 할 필요가 없는 경우도 많습니다. 그리고 빨래는 싫다는 사람도 있지요. 그러나 며칠 분량을 모아서 한꺼번에 하는 것은 좋지 않습니다. 세탁기에 가득 넣으면 세제가 잘 녹지 않아, 때가 잘 빠지지 않게 돼버립니다. 세탁기 안에 더러워진 옷을 계속 넣어 두는 것도 좋지 않습니다. 옷이 손상되기 쉽고, 세탁기에 곰팡이가 생기는 원인이 되기도 합니다.

남자는 한 번에 많은 양의 빨래를 하면 안 되는 이유에 대해 뭐라고 말했습니까?

正答 1

1 세제가 잘 녹지 않게 되기 때문에 (○)
①에서 알 수 있다.

2 세탁기에 곰팡이가 피기 때문에 (×)
한꺼번에 많은 빨래를 하는 것과 관계 없음.

3 옷이 손상되기 쉬워지기 때문에 (×)
한꺼번에 많은 빨래를 하는 것과 관계 없음.

4 옷에 때가 찌들게 되기 때문에 (×)
더러워진 옷을 쌓아두는 것도 좋지 않다고 했지만, 때가 찌든다고는 안 했다.

学校で、男の人が自転車置き場の説明をしています。学生は、今どこに自転車を置けばいいですか。

> M：通学に使う自転車は、学内の決められた場所に置いてください。門のすぐ外に自転車置き場がありますが、あれは、うちの学校のではなく、隣の公園ので、地域の方にご迷惑だから、置いてはいけません。①門の中の方が、うちの学校の自転車置き場です。②ただ、ここは、今工事中なので、5月までは、運動場のすみに作ってある自転車置き場に置いてください。それから、校舎のそばに小さい自転車置き場がありますが、これは校舎で掃除などの作業をする人のためのものです。学生は置かないでくださいね。

学生は、今どこに自転車を置けばいいですか。

스크립트 번역

학교에서 남자가 자전거 주차장에 대해 설명하고 있습니다. 학생은 현재 자전거를 어디에 세우면 됩니까?

남 : 통학에 이용하는 자전거는, 교내의 지정된 장소에 세워주세요. 교문 바로 밖에 자전거 주차장이 있습니다만, 그것은 우리학교 것이 아니라, 옆 공원 소유이므로 지역주민들에게 피해를 주니까, 세워두면 안 됩니다. ①교문 안쪽이 우리학교 자전거 주차장입니다. ②단, 여기는 공사중임으로 5월 달까지는 운동장 구석에 만들어 놓은 자전거 주차장에 세워주세요. 그리고 학교건물 옆에 작은 자전거 주차장이 있습니다만, 이곳은 학교건물 청소 등의 작업을 하는 사람들을 위한 것 입니다. 학생은 세우지 말아주세요.

학생은 현재 자전거를 어디에 세우면 됩니까?

正答3

1 학교건물 옆 자전거 주차장 （×）

 학교건물 옆 자전거 주차장에는 학생은 자전거를 세울 수 없다.

2 교문 밖 자전거 주차장 （×）

 교문 밖 자전거 주차장은 학교 소유 주차장이 아니다.

3 운동장 구석의 자전거 주차장 （○）

 ②에서 5월 달까지는 학생용 자전거 주차장이 만들어져 있다는 것을 알 수 있다.

4 교문 안쪽 자전거 주차장 （×）

 ①②에서 교문 안쪽 자전거 주차장은 지금 공사 중으로 사용할 수 없다고 했다.

문제3에서는 문제지에 아무것도 인쇄되어 있지 않습니다. 우선, 이야기를 들으세요. 그 후 질문과 선택지를 듣고 1에서 4중에서 올바른 답을 하나 고르시오.

1番 CD B-12

でんわがいしゃ　ひと　はな
電話会社の人が話しています。

> F：①最近、さまざまなことについて苦情を言うお客様の数が増えてきました。「料金が高い」と怒るお客様はけっこういらっしゃいます。「こんなに料金がかかると思わずに使った。払う義務はない」とおっしゃる場合②もあります。「落としただけで簡単に壊れるなんて、不良品だ。不良品を売るなんて、ひどい。最新のものに交換しろ」という③のもありますし、「プールに落としたら使えなくなったから、新しいものにかえてくれ」という方④も多いです。

おんな　ひと　なに　　　　　はな
女の人は何について話していますか。

1　苦情の内容
2　電話の料金
3　電話機の丈夫さ
4　不良品の交換

스크립트 번역

전화회사 직원이 이야기하고 있습니다.

여 : ①최근에 여러 가지로 불만을 토로하는 고객이 늘고 있습니다. '요금이 비싸다' 고 화내시는 고객이 꽤 계십니다. '이렇게 요금이 비싸리라고는 생각도 못하고 썼다. 요금을 낼 의무는 없다.' 라고 말씀하시는 경우②도 있습니다. '떨어뜨린 것뿐인데 부서지다니, 불량품이다. 불량품을 팔다니 말도 안 된다. 최신형으로 교환하라' 는 ③경우도 있고, '풀장에 빠뜨렸는데 못 쓰게 됐으니까, 새것으로 교환하라' 라는 분④도 많습니다.

여자는 무엇에 대해 이야기하고 있습니까?

1 불평내용
2 전화요금
3 전화기의 견고함
4 불량품 교환

せいとう
正答 1

①에서 불만을 토로하는 고객이 늘고 있다고 했고, 그 후에 불만 내용을 말하고 있다.
②③④ 모두 「も(도)」를 씀으로 이것뿐이 아니다, 다른 것도 있다라는 의미를 나타내고 있다. 이것으로도 정답은 1인 것을 알 수 있다.

🖊 まとめて覚えよう

けっこう는 '예상했던 이상', '충분하지는 않지만 상당히' 라는 의미이다.

2番 （CD）B-13

テレビでアナウンサーが若い会社員の意識調査について話しています。

> F：経済状況が悪い中、若い会社員がどういう意識を持っているか、アンケートが行われました。その結果、①仕事でもっとも心配なことは「会社をやめさせられるかもしれないこと」、次に「会社がなくなるかもしれないこと」でした。②もし、仕事が自分に合わないと思ったら会社をやめるか、という質問に対しては、「やめる」と答えた人は去年の調査結果の半分になり、ほとんどの人は「やめない」と答えました。また、③仕事のためにデートをあきらめるか、という質問でも、デートを選ぶ人はわずかでした。

若い会社員の何に対する意識を調査したものですか。

1　経済状況
2　会社と仕事
3　休日の使い方
4　会社の経営

스크립트 번역

텔레비전 아나운서가 젊은 회사원의 의식조사에 대해 이야기하고 있습니다.

여 : 경제상황이 안 좋은 가운데, 젊은 회사원이 어떤 의식을 가지고 있는지에 대해 앙케트 조사가 실시되었습니다. 그 결과, ①일하면서 가장 걱정인 것은 '회사에서 잘릴지도 모른다는 것', 그 다음으로 '회사가 없어질지도 모른다는 것'이었습니다. ②만약에, 일이 자신에게 맞지 않는다고 생각되면 회사를 그만 둘 것인가 라는 질문에 대해서는 '그만둔다'고 답한 사람은 작년 조사결과의 절반으로, 거의 대부분의 사람이 '그만두지 않는다'고 답했습니다. 또한,

③일을 위해 데이트를 포기하겠는가? 라는 질문에도 데이트를 선택한 사람은 소수에 불과했습니다.

젊은 회사원의 무엇에 대한 의식을 조사한 것입니까?

正答2

1　경제상황 (×)

경제상황이 안 좋은 가운데 어떤 의식을 가지고 있는지 앙케트 조사가 실시되었다고 했다. 경제상황에 대한 의식이 아니다.

2　회사와 일 (○)

①②③의 질문에서 회사와 일에 대해서 조사한 것을 알 수 있다.

3　휴일의 이용법 (×)

휴일의 이용법에 대해서는 조사하지 않았다.

4　회사의 경영 (×)

회사의 경영에 대해서는 조사하지 않았다.

ラジオで評論家が話しています。

> M：日本では、掃除は上から下へ、と言われますね。棚の上などの埃を下に落としてから、床をふくんだ、と言われます。ところが、実際には、埃が床に落ちるまで、すごく時間がかかるんです。何時間もかけて、ゆっくりゆっくり埃は床に落ちます。だから、棚の埃を落として、すぐに床をふいても、埃はまだ空中に浮いたままですから、意味がないんです。埃は掃除が終わってから、床に落ちる。全然掃除になりませんね。じゃあ、どうすればいいかというと、前の晩にね、棚の上をふいておくんです。そうすると、朝、起きるまでに埃は床に落ちています。そこで、床をふけばいいんです。

評論家は、何について話していますか。

1 日本の掃除の文化
2 掃除にかかる時間
3 掃除が重要な理由
4 上手な掃除の仕方

라디오에서 평론가가 이야기하고 있습니다.

남 : 일본에서는, 청소는 위에서 아래로라고 하죠. 선반 위의 먼지 등을 아래로 털어내고 바닥을 닦는다고 합니다. 그런데 실제로는 먼지가 바닥에 떨어질 때까지 상당한 시간이 걸립니다. 몇 시간이나 걸려 아주 천천히 먼지는 바닥으로 떨어집니다. 그러므로 선반 위의 먼지를 털어 바로 바닥을 닦아도, 먼지는 아직 공기 중에 떠있으므로 의미가 없는 것입니다. 먼지는 청소가 끝난 후에 바닥에 떨어진다. 전혀 청소했다고 할 수 없겠죠. 그럼, 어떻게 하면 되느냐 하면 전날 밤에 선반 위를 닦아두는 겁니다. 그렇게 하면 아침에 일어날 때까지 먼지는 바닥에 떨어져 있게 됩니다. 그리고 바닥을 닦으면 되는 것입니다.

평론가는 무엇에 대해 말하고 있습니까?

1 일본의 청소문화
2 청소에 걸리는 시간
3 청소가 중요한 이유
4 능숙한 청소법

正答 4

남자는 일본의 일반적 청소법에 대해 문제점을 말하고, 좀 더 나은 청소법을 설명하고 있다. 따라서, 이 이야기의 주제는 '능숙한 청소법'이다.

4番 🔊 B-15

テレビで、画家がインタビューに答えています。

F：今度新しくかく絵ですか？　うん、そうですね。人の生活の温かさを感じるものをかきたいと思っています。私のこと、風景画家だと思ってる方、多いですよね。まあ、たしかに、🔑①山とか川とか、風景の絵が多いんです。好きっていうわけでもないんですが、自然にそうなってて。で、まあ、風景でもいいんですが、🔑②人の生活を感じるものにしたいんです。あ、🔑③単に、山とか川とかに人間がいる絵っていうんじゃないですよ。それじゃ今までどおりのふつうの風景画ですよね。そうじゃなくて、家庭の風景とか。🔑④人がそこにいなくても、人が暮らしているなって感じる場面って、あるでしょ？

画家は、次にどんな絵をかきたいと言っていますか。

1　人間の生活を感じる絵
2　人間の姿をかいた絵
3　山や川などの自然をかいた絵
4　自然の中に人間がいる絵

텔레비전에서 화가가 인터뷰에 답하고 있습니다.

여 : 다음에 그릴 새 그림요? 음, 글쎄요. 인간생활의 따뜻함을 느끼게 하는 그림을 그리고 싶습니다. 저를 풍경화가로 생각하시는 분들이 많더군요. 뭐, 확실히 ①산이나 강 같은 풍경화가 많지요. 꼭 좋아서 그리게 된 건 아니지만, 자연스럽게 그렇게 되더군요. 그래서 뭐, 풍경도 좋지만, ②사람의 생활을 느낄 수 있는 것을 그리고 싶습니다. 아, ③단순히 산이나 바다에 사람이 있는 그림을 말하는 것이 아닙니다. 그러면 지금까지와 마찬가지인 보통의 풍경화인 거죠.

그런 풍경화가 아니라, 가정의 풍경이라든지, ④사람이 거기에 없어도, 사람이 살고 있다고 느껴지는 장면이란 게 있잖아요?

화가는 다음에 어떤 그림을 그리고 싶다고 말했습니까?

正答 1

1　사람의 생활이 느껴지는 그림 (○)
　　②~④에서 이것이 정답인 것을 알 수 있다.

2　사람의 모습을 그림 (×)
　　④에서 사람의 모습이 없어도 된다.

3　산이나 강 등의 자연을 그린 그림 (×)
　　①~③에서 단순히 자연을 그린 그림이 아니다.

4　자연 속에 사람이 있는 그림 (×)
　　③에서 알 수 있다.

研究発表会で司会者が話しています。

> M：はい。えー、これで全員の発表が終わりました。これから、もっともいい発表をした学生を選ぶ投票を始めます。気をつけてもらいたいのは、いい発表の意味です。おもしろくて人を笑わせるような発表は、印象が強いと思いますが、いい発表だとは限りません。①内容がいい発表を選んでください。人を笑わせるのはよくないって言うんじゃないんです。もちろん、話すのが上手なことも、発表には重要です。あと、資料がきれいだとか、そういう理由だけでは選ばないでくださいね。資料は見やすい方がいいですけど、別にきれいじゃなくてもいい。②やっぱり中身が大事なんです。

司会者はどんな人に投票してほしいと言っていますか。

1 資料を上手に作った人
2 内容のいい発表をした人
3 話が上手で人を笑わせる人
4 印象が強い発表をした人

스크립트 번역

연구발표회에서 사회자가 이야기하고 있습니다.

남 : 네, 에~이것으로 전원 발표가 끝났습니다. 지금부터 가장 발표를 잘한 학생을 뽑는 투표를 시작하겠습니다. 주의해 주실 것은 좋은 발표의 의미입니다. 재미있고 사람에게 웃음을 주는 발표는, 인상이 강한 발표라고 생각합니다만, 반드시 좋은 발표라고는 할 수 없습니다. ①내용이 좋은 발표를 선택해 주세요. 사람을 웃기는 것이 좋지 않다는 것은 아닙니다. 물론, 유창하게 말하는 것도 발표에는 중요합니다. 그리고 자료가 깔끔하다 등의 이유만으로는 선택하지 말아 주십시오. 자료는 보기 편한 것이 좋습니다만, 달리 깔끔하지 않아도 괜찮습니다. ②역시, 내용이 중요한 것입니다.

사회자는 어떤 사람에게 투표했으면 좋겠다고 말하고 있습니까?

正答 2

1 자료를 잘 만든 사람 (×)

자료는 보기 좋은 편이 좋으나 깔끔하지 않아도 괜찮다고 말하고 있다.

2 내용이 좋은 발표를 한 사람 (○)

①②에서 알 수 있다.

3 말이 유창하고 사람을 웃기는 사람 (×)

말이 유창하고 사람을 웃기는 발표가 반드시 좋은 발표는 아니다고 말하고 있다.

4 인상이 강한 발표를 한 사람 (×)

인상이 강해도 반드시 좋은 발표는 아니다고 말하고 있다.

✎ まとめて覚えよう

● **Xとは限らない**는 언제나 X 라는 것은 아니다는 의미를 나타낸다

例 日本語の先生が日本人とは限らない。（＝外国人の先生もいる）

일본어 선생님이 반드시 일본인인 것은 아니다. (=외국인 선생님도 있다)

● **やっぱり**는 **やはり**의 회화체로 여기서는 여러 가지로 생각한 결과, 최종적으로 이 결론에 이를 것이다는 기분을 나타낸다.

문제4에서는 문제지에 아무것도 인쇄되어 있지 않습니다. 우선
문장을 들으세요. 그 후 그에 대한 대답을 듣고 1에서 3중에서
올바른 답을 하나 고르시오.

1番 B-17

M：せっかくお時間を作ってくださったのに、うか
　　がえなくて、申し訳ありませんでした。

F：1　私も聞いていないんですよ。

　　2　どうぞ、ご遠慮なく。

　　3　いえ、お気になさらないでくださいね。

> **스크립트 번역**

남 : 애써 시간을 내주셨는데, 뵙지 못해서 죄송했습니다.

여 : 1 저도 듣지 못했어요.

　　2 자, 사양 마시고.

　　3 아뇨, 개의치 마세요.

2番 B-18

F：そんなに作っ①たって、食べられる②わけな
　　いじゃない。

M：1　大丈夫、みんな、おなかすいてると思うから。

　　2　そうだね、若い人ばかりだから食べられるわ
　　　　けだ。

　　3　もう食事は済ませてきたからおかまいなく。

> **스크립트 번역**

여 : 그렇게 많이 만들①어도 다 먹을 수 ②있을 리 없잖아.

남 : 1 괜찮아, 모두 배고플거니까.

　　2 그러게, 젊은 사람들뿐이니까 먹을 수 있는 거야.

　　3 이미 식사 마치고 왔으니까 신경 쓰지 마세요.

正答3

　せっかくＸのには 시간이나 고생, 돈 등을
들인 것이 헛되이 돼 버렸다는 의미이다.
이 대화에서는 상대가 한 행위를 헛되이 해
버렸기 때문에 사과하고 있다.

正答1

　①Ｘ［동사た형］って는 Ｘても의 회화체
이다. ②わけない는 わけがない로 가능성이
없다는 것을 의미한다. 이 대화에서는 '그렇
게 많이 만들어도 먹을 수가 없는데, 왜 그
렇게 많이 만드는 거야' 라고 상대를 비난하
고 있다.

第2回

聴解

3番 ⚫ B-19

M：田中さん、コピー用紙、注文しといてくれた？

F：1　わかりました。すぐに、注文します。

　　2　はい、注文しておきました。

　　3　あ、すみません、注文してくださったんですか。

남 : 다나카씨 복사용지 주문해 놨어?

여 : 1 알겠습니다. 바로 주문하겠습니다.

　　2 예, 주문해 놨습니다.

　　3 아, 죄송합니다, 주문해주신 거에요?

4番 ⚫ B-20

F：今日も暑いけど、昨日ほどじゃないね。

M：1　昨日はわりと涼しかったよね。

　　2　そうだね、今日の方がずっと暑いよね。

　　3　昨日は、この夏一番の暑さだったって。

여 : 오늘도 덥지만, 어제 만큼은 아니네.

남 : 1 어제는 비교적 선선했죠.

　　2 그러게, 오늘이 훨씬 덥네.

　　3 어제는 이번 여름 최고의 더위였대.

5番 ⚫ B-21

M：あ〜あ、はっきり断ればよかった。

F：1　もう断ったんだから、しょうがないじゃない。

　　2　あした、もう一度、ちゃんと断ってきたら？

　　3　よかったじゃない。断って。

남 : 아〜아, 확실히 거절했어야 했는데…

여 : 1 이미 거절했으니까, 어쩔 수 없잖아.

　　2 내일 한번 더, 확실하게 거절하고 오면 어때?

　　3 잘 됐잖아, 거절해서.

正答 2

　〜ておいてくれた는 회화에서는 〜といて くれた가 되는 경우가 있다. 그것에 대해서는 X〔동사て형〕おきました가 정답이다.

正答 3

　XはYほどじゃない는 X는 Y에 비해 정도가 낮다, 적다 라는 의미이다.

正答 2

　X〔동사ば형〕よかった는 사실과 반대의 가정을 나타내며, 그렇게 되지 않은 것을 유감스럽게 생각하는 마음을 나타낸다.

F：やっぱり京都といえば、お寺だね。

M：1　あんまりお寺なかったね。

　　2　お寺に行かなくてよかったね。

　　3　いいお寺が多かったね。

スク립트 번역

여 : 역시 교토하면 절(사찰)이네.

남 : 1 절이 별로 없었지.

　　2 절에 안 가서 다행이야.

　　3 괜찮은 절이 많았었지.

正答 3

XといえばY는 X에서 연상되는 대표적인 것은 Y이다는 것을 의미한다.
이 대화에서는 교토로부터 절을 연상했고, 예상대로였다는 의미가 된다.

7番 ㉡B-23

M：キムさん、来ないかもね。

F：1　忙しそうにしてたからね。

　　2　うん、来そうだね。

　　3　もう来ちゃったんだ。

ス크립트 번역

남 : 김 씨, 안 올지도 몰라.

여 : 1 바빠 보였잖아.

　　2 응, 올 것 같아.

　　3 벌써 와 있었네.

正答 1

かも는 **かもしれない**의 축약형태로 회화에서 자주 사용되며 그럴 가능성이 있다는 의미이다. 이유를 들어 그것에 동의하는 대답이 적절하다.

8番 ㉡B-24

F：今日はうちでごはん食べてってね。

M：1　もう食べたんですか？

　　2　食べて来るんですか？

　　3　ありがとうございます。

스크립트 번역

여: 오늘은 우리 집에서 식사하고 가세요.

남: 1 벌써 먹었어요?

　　2 먹고 올 거에요?

　　3 감사합니다.

正答 3

X[동사て형] って는 X[동사て형] **いってください**의 회화체이다. 이것에 대해 감사의 대답을 하는 것이 적절하다.

第2回
聴解

M：田中さん、子どもが生まれて、うれしくてしょうがないみたい。

F：1　本当に、うれしそうだよね。

　　2　子どもってしょうがないよね。

　　3　早く生まれるといいね。

스크립트 번역

남: 다나카씨, 아이가 태어나서 기뻐서 어쩔 줄 모르는 것 같아.

여: 1 진짜 너무 좋은 가봐.

　　2 아이란 어쩔 수 없나 봐요.

　　3 빨리 태어나면 좋겠는데.

F：このペン、書きやすいよ。使ってみて。

M：1　見ただけじゃわかんないよ。

　　2　へえ、じゃ、ちょっと貸して。

　　3　ええ？　もう使っちゃったの？

스크립트 번역

여: 이 펜, 잘 써져. 써 봐.

남: 1 보는 것 만으로는 잘 몰라.

　　2 그래, 그럼 이리 줘봐.

　　3 뭐? 벌써 다 써버렸다고?

正答1

X〔형용사て형〕しょうがない는 회화에서 자주 쓰이는 형태로 문장체는 X〔형용사て형〕しかたがない이다. 감정을 나타내는 말에 붙어 그 감정을 억제하려 해도 그 억제할 수 없는 상태를 나타낸다.

正答2

X〔동사て형〕みる는 어떤 것인지 시험해 본다는 의미로, 이 대화에서는 상대에게 시험해 볼 것을 권유하고 있다.

M：高級フランス料理 なんかもいいんじゃない？

F：1　そうね、たまにはね。

　　2　そうね、やめようか。

　　3　じゃあ、おすしにしようか。

스크립트 번역

남: 고급 프랑스요리 같은 것도 괜찮지 않아?

여: 1 그렇지, 가끔은.

　　2 그러게, 관둘까?

　　3 그럼, 초밥으로 할까?

F：もう、やるかやらないか 悩んでる場合じゃない
　　よ。

M：1　そうだね、ゆっくり考えよう。

　　2　そうだね、やるしかないね。

　　3　そうだね、悩むことも大切だね。

스크립트 번역

여: 1 더 이상 할까 말까 고민할 상황이 아니야.

남: 1 그래, 천천히 생각하자.

　　2 그래, 할 수밖에 없네.

　　3 그래, 고민하는 것도 중요하지.

正答 1

　　X なんかもいい는 X를 제안해서 권유하는 표현이다. 이 대화에서는 동의하는 대답이 적절하다.

正答 2

　　悩んでる는 悩んでいる의 회화체로 X [동사ている형] 場合じゃない는 상대가 지금 하고 있는 행동이 좋지 않다, 다른 행동을 하는 것이 좋다고 충고할 때 쓰는 표현이다. 이 대화에서는 충고를 받아들이는 대답이 적절하다.

문제5에서는 긴 이야기를 듣습니다.

1番 🎧 B-29

우선 이야기를 들으세요. 그 후 질문을 듣고 각각의 문제지의 1에서 4중에서 올바른 답을 하나 고르시오.

Ｆ１：あれ～、元気ないなあ。どうしたの？　熱があるの？　じゃあ、これね。

Ｍ１：あなたの風邪の症状に合わせて選べます。①熱が出たら赤い箱、②鼻がつまったら青い箱、咳が出たら黄色い箱。症状に合わせるから、効いてほしいところによく効きます。

Ｆ１：これ飲んで、元気になってね。

Ｍ１：③2種類を一度には飲まないでください。

Ｆ２：うーん。昨日から鼻がつまってたけど、熱も出てきたみたい。

Ｍ２：④じゃあ、赤い箱と、青い箱だな。買ってきてあげようか。

Ｆ２：ええ？　何？　今のコマーシャル？

Ｍ２：そうだよ。

Ｆ２：⑤だめだよ。2ついっしょに飲んじゃ。⑥まずは熱を下げなきゃ。とにかく、私、寝るわ。

Ｍ２：うん。じゃ、買って来るから、寝てて。で、⑦好きな方、飲みなよ。ね。

テレビで風邪薬のコマーシャルをしています。

質問１：男の人は、どの薬を買って来ますか。
質問２：女の人は、どの薬を飲みますか。

텔레비전에서 감기약 선전을 하고 있습니다.

여 1 : 어라, 왜 기운이 없어. 왜 그래? 열 있는 거야? 그럼, 이거.

남 1 : 당신의 감기증상에 따라 선택할 수 있습니다. ①열이 있으면 빨간 상자, ②코가 막혔으면 파란 상자, 기침이 나오면 노란 상자.증상에 맞춰 효과가 있었으면 하는 곳에 잘 듣습니다.

여 1 : 이거 먹고 좋아졌어.

남1 : ③2종류를 한꺼번에 먹지 마세요.

여2 : 으~음. 어제부터 코가 막혔는데, 열도 나기 시작한 것 같아.

남2 : ④그럼, 빨간 상자와 파란 상자네. 사다 줄까?

여2 : 에엥? 뭐? 지금 선전 한 거?

남2 : 그래.

여 2 : ⑤안돼. 두 개 같이 먹으면. ⑥우선은 열을 내리게 해야 돼. 아무튼, 나 잘 거야.

남2 : 응, 그럼, 사올 테니까 자고 있어. 그리고 ⑦먹고 싶은 거 먹어. 알았지?

質問1　남자는 어느 약을 사옵니까?
正答1

　남자는 여자가 코가 막히고, 열이 난다라는 증상을 말하고 있기 때문에, ①②④에서 빨간상자와 파란 상자 2종류를 사오려는 것을 알 수 있다. ③⑤에서 2종류 한꺼번에 먹으면 안 된다는 것을 지적 받았지만 ⑦에서 2종류 사올 생각이라는 것을 알 수 있다

質問2　여자는 어느 약을 먹습니까?
正答2

　여자가 ⑥에서 빨간 상자의 약을 먹을 생각이라는 것을 알 수 있다.

문제지에는 아무것도 인쇄되어 있지 않습니다. 우선 이야기를 들으세요. 그 후 질문과 선택지를 듣고 1에서 4중에서 올바른 답을 하나 고르시오.

お店で、社員3人が、新しい商品について相談しています。

F1：今度うちの店で発売するこのケーキ、かわいいのはいいんですが、デザインが子どもっぽいんじゃないでしょうか。

F2：そうねえ。このあたりは1人で生活している人が多くて、子どもは少ないものね。

M：独身の男の人も多いですしね。

F2：男の人はもともと、ケーキなんて買わないんじゃない？

M：いえ。最近は男でも自分のために買う人、増えてるんですよ。

F1：でも、男らしいケーキって、どんなんですか？

M：いや、男らしいケーキなんてないですよ。要するに、🔧①すっきりしてればいいんです。🔧②かわい過ぎなければ。

F2：ああ、でも、そうすれば、ある程度の年齢の人にもいいかもしれない。

F1：そうですね。そういえば、女の人でも、かわいいのが好きじゃない人もけっこういるし。

F2：じゃあ、その方向で考えましょうか。

どんなデザインのケーキを考えることになりましたか。

1　男らしいデザイン
2　子どもっぽいデザイン
3　かわいいデザイン
4　すっきりしたデザイン

가게에서 점원 3명이 새로운 상품에 대해 상담하고 있습니다.

여1 : 이번에 우리 가게에서 판매할 이 케이크, 귀여운 건 좋은데, 디자인이 너무 애 같지 않나요?

여2 : 그러게요. 이 근처에는 혼자서 생활하는 사람이 많고 아이들은 적잖아요.

남 : 독신 남성들도 많죠.

여2 : 남자는 원래 케이크 같은 거 안 사지 않아요?

남 : 아뇨. 최근엔 남자도 자기를 위해서 사는 사람이 늘고 있어요.

여1 : 하지만, 남자다운 케이크란 어떤 거에요?

남 : 아니, 남자다운 케이크 같은 건 없어요. 즉, ①깔끔하면 되요. ②너무 귀엽지만 않으면.

여2 : 아아, 근데 그러면 어느 정도 연령이 있는 사람한테도 괜찮을 것 같은데.

여1 : 그러네요. 그리고 보니 여자라도 귀여운 거 안 좋아하는 사람도 꽤 있으니까.

여2 : 그럼, 그런 방향으로 생각할까요?

어떤 디자인의 케이크를 생각하게 됐습니까?

正答 4

1　남자다운 디자인 (×)

　남자다운 케이크 같은 거 없다고 남자가 말하고 있다.

2　아이들 같은 디자인 (×)

　지금의 케이크가 좋지 않은 이유이다.

3　귀여운 디자인 (×)

　②에서 너무 귀여운 것은 좋지 않다고 말하고 있다. 또, 지금의 케이크의 디자인은 귀여운 디자인이다.

4　깔끔한 디자인 (○)

　①에서 알 수 있다.

문제지에는 아무것도 인쇄되어 있지 않습니다. 우선 이야기를 들으세요. 그 후 질문과 선택지를 듣고 1에서 4중에서 올바른 답을 하나 고르시오.

家族3人が、話しています。

F1 : あしたの午後、おばあちゃんが家に来るでしょう。私、迎えに行けなくなっちゃったんだけど、誰かかわりに駅に行ってくれない？

M : 行ってもいいよ。午後3時過ぎなら、行ける。

F1 : それが2時に着くらしいのよ。

F2 : 2時かあ。私、2時に出かけるから、無理だわ。

F1 : うーん、困ったなあ。

M : お母さん、どうして行けなくなったの？

F1 : 急に仕事の打ち合わせが入っちゃってね。午前中に終わるから、①帰りにちょうど2時ごろ駅を通るんだけれど、おばあちゃんより先に駅に着けるかどうかわからないの。

M : おばあちゃん、駅に誰も待ってないと、不安がるからなあ。

F2 : そうか、じゃあ、そこまでなら、②私、できるよ。③2時に駅にいてあげればいいんでしょ？

M : ああ、そうか。それで、④家に連れて来るのは、お母さんがやればいいんだ。

誰が迎えに行くことになりましたか。

1 母と娘

2 母だけ

3 母と息子

4 息子と娘

가족 3명이 이야기하고 있습니다.

여1 : 내일 오후에 할머니가 집에 오시잖아. 난 마중 못 가게 됐는데, 누가 대신 역에 가주지 않을래?

남 : 내가 갈게. 오후 3시 이후면 갈 수 있어.

여1 : 그게 2시에 도착하신대.

여2 : 2시? 난 2시에 외출하니까 무리야.

여1 : 음~. 곤란하게 됐네.

남 : 엄마는 왜 못 가게 됐는데?

여1 : 갑자기 업무 관련 미팅이 생겨서. 오전 중에 끝나니까 ①돌아올 때 정각 2시쯤에 역을 지나오는데 할머니보다 먼저 역에 도착할 수 있을지 어떨지 모르겠어.

남 : 할머니는 역에 아무도 없으면 불안해하시잖아.

여2 : 그래? 그럼, 그때까지라면 ②내가 갈게. ③2시에 역에 있어주면 되는 거지?

남 : 아, 그래. 그리고 ④집에 모시고 오는 건 엄마가 하면 되겠네.

누가 마중을 나가게 됐습니까?

1 엄마하고 딸

2 엄마만

3 엄마하고 아들

4 아들하고 딸

正答 1

①~④에서 딸이 할머니를 역에서 기다리고, 그 후 역에 도착하는 엄마와 교대해서, 엄마가 집으로 모셔오는 것을 알 수 있다.

저자 소개

ユーキャン日本語能力試験研究会

　본회는 일본어능력시험대책본의 제작에 있어, 일본어교육의 현장에서 오랜시간 지도를 해온 집필자를 중심으로 결성되었습니다.

執筆者（敬称略）
■作田奈苗（さくた ななえ）

　国際基督教大学教養学部卒業。お茶の水女子大学大学院修士課程修了。香港中文大学などで日本語教育に従事。現在、東京外国語大学、文京学院大学、東洋学園大学非常勤講師。

■大野早苗（おおの さなえ）

　神戸大学文学部卒業。お茶の水女子大学大学院博士課程単位取得退学。 博士（人文科学）。東洋学園大学などで日本語教員養成に従事。現在、秀明大学准教授。

■伊勢みゆき（いせ みゆき）

　同志社大学文学部卒業、デリー大学大学院修士課程修了。文化外国語専門学校日本語科、パラオコミュニティーカレッジで日本語教育に従事。現在、新宿日本語学校非常勤講師。

校閲者（順不同、敬称略）

　河島ゆりか、田中眞知子、軍司聖子、坂田晶子、鈴木洋子、田中舞、長谷川奈津、原田優子、三浦雄一郎、三上文香、茂木由美子、横野登代子、KEN日本語学院のみなさん

■ 편집위원

강희경(시사일본어사 신JLPT 연구모임 위원)

■ 한국어 번역

박상욱(현 시사일본어 학원 종로 캠퍼스 EJU 담당)
－국립 오사카대학 언어사회연구과 박사과정 수료(6년간 국비유학). 황장엽 씨 망명시 니혼테리비 통역. 한일프로야구 슈퍼게임시 츄쿄테레비 통역. 일본어문형사전(구로시오 출판, 1998년)한국어판 공동번역.

송상훈(현 시사일본어 학원 신촌 캠퍼스 일본능력시험 담당)
－일본 도쿄ATI일본어학교 졸업. 일본 메지로대학교 인문학부 언어문화학과 졸업.기업체 바이어 통역 다수. '유레카7'등 애니메이션 영상 번역 다수.

新일본어 능력시험

U-CAN 실전모의테스트 N2

초판인쇄_ 2010년 6월 5일

초판발행_ 2010년 6월 10일

저자_ ユーキャン 日本語能力試験研究会

책임편집_ 이주영 · 中原 美菜子

표지디자인_ 신영미

펴낸이_ 엄호열

펴낸곳_ (주)시사일본어사

등록일자_ 1977년 12월 24일

등록번호_ 제300-1977-31호

주소_ 서울 종로구 원남동 13번지

전화_ 1588-1582(교재구입문의) / 02)3671-0572(교재내용문의)

팩스_ 02)3671-0500

홈페이지_ book.japansisa.com

이메일_ tltk@chol.com

본서는 국내 외의 사용 및 판매를 금하고 있습니다.

本書籍の大韓民国国外での使用及び販売を禁止します。

ISBN 978-89-402-9029-3 18730

(set)978-89-402-9027-9 18730

* 이 교재의 내용을 사전 허가없이 전재하거나 복재할 경우
  법적인 제재를 받게 됨을 알려 드립니다.

* 잘못된 책은 구입하신 서점이나 본사에서 교환해 드립니다.

* 정가는 표지에 표시되어 있습니다